MINUTOS DE LIDERANÇA

Angélica,
Muito sucesso
e paz em
2009.

JOHN C. MAXWELL

MINUTOS DE LIDERANÇA

52 lições semanais para maximizar seu potencial como líder

Tradução de
Bárbara Coutinho e Leonardo Barroso

THOMAS NELSON BRASIL

Rio de Janeiro
2008

Título original: *Leadership Promeses for Your Week*

SUPERVISÃO EDITORIAL • *Nataniel dos Santos Gomes*
ASSISTENTE EDITORIAL • *Clarisse de Athayde Costa Cintra*
TRADUÇÃO • *Bárbara Coutinho e Leonardo Barroso*
CAPA • *Valter Botosso Jr*
FOTO DE CAPA • *VBJ*
COPIDESQUE • *Norma Braga*
REVISÃO • *Margarida Seltmann*
Magda de Oliveira Carlos Cascardo
Cristina Loureiro de Sá
PROJETO GRÁFICO E DIAGRAMAÇÃO • *Julio Fado*

CIP-BRASIL. CATALOGAÇÃO NA FONTE
SINDICATO NACIONAL DOS EDITORES DE LIVROS, RJ

M419p
Maxwell, John C., 1947-
Minutos de liderança/John C. Maxwell; [tradução Bárbara Coutinho e Leonardo Barroso]. - Rio de Janeiro: Thomas Nelson Brasil, 2008.

Tradução de: Leadership promises for your week
Inclui bibliografia
ISBN 978-85-6030-374-8

1. Liderança I. Título.

08-3225. CDD: 253
CDU: 253

Rua Nova Jerusalém, 345 – Bonsucesso
Rio de Janeiro – RJ – CEP 21402-325
Tel.: (21) 3882-8200 – Fax: (21) 3882-8212 / 3882-8313
www.thomasnelson.com.br

SUMÁRIO

INTRODUÇÃO

A liderança é essencial para atingir todos os objetivos na vida, e, como um líder, você deve crescer para ser bem-sucedido. Ah, você acha que não é um líder? Pense bem. Primeiro e mais importante, você lidera a si mesmo. Depois, por intermédio da sua influência — oficial ou não-oficial, pessoal ou profissional — lidera outros. Você demonstra liderança até mesmo pela atitude e pela ética com que segue os que têm autoridade sobre você.

Você é um líder, e este livro é para você. É uma coleção de 52 devocionais com um novo tema a cada semana. Os capítulos apresentam uma promessa que Deus fez aos líderes, uma promessa que bons líderes fazem a suas equipes, uma lição rápida e um pensamento ou atividade para ajudar você a ter uma boa semana.

Minutos de liderança é um livro que fornece princípios bíblicos para ajudar você a crescer como líder, fortalecer seus liderados e desenvolver equipes de sucesso. Não comece sua semana sem ele!

A PROMESSA DE DEUS AOS LÍDERES

O SENHOR é compassivo e misericordioso, mui paciente e cheio de amor. Não acusa sem cessar nem fica ressentido para sempre; não nos trata conforme os nossos pecados nem nos retribui conforme as nossas iniqüidades... Como um pai tem compaixão de seus filhos, assim o SENHOR tem compaixão dos que o temem.

Salmo 103:8-10,13

A PROMESSA DE UM LÍDER À EQUIPE

Estou humildemente ciente de quanto já fui perdoado, e continuarei a confessar meus erros.

SEMANA 1

RESPONSABILIZE-SE

Davi disse a Deus: "Não fui eu que ordenei contar o povo? Fui eu que pequei e fiz o mal. Estes não passam de ovelhas. O que eles fizeram? Ó SENHOR meu Deus, que o teu castigo caia sobre mim e sobre a minha família, mas não sobre o teu povo!"

1 Crônicas 21:17

Tempos de fracasso não só revelam o verdadeiro caráter de um líder, mas também apresentam oportunidades para lições significativas de liderança.

Depois de uma grande vitória sobre os filisteus, o rei Davi cometeu um erro enorme: parou de confiar em Deus para a defesa de sua nação e ordenou um censo para medir seu poderio militar. Sua disposição em responsabilizar-se por seu ato tolo demonstrou sua profundidade de caráter. Ele se arrependeu e aceitou a punição da mão de Deus, confiando na graça divina. Mesmo assim, o erro de Davi aniquilou a vida de setenta mil israelitas. Quando líderes fazem besteira, muitos sofrem.

Muitos líderes tentam esconder fracassos, culpar os outros ou correr de Deus. Mas Davi admitiu seu fracasso e se arrependeu. Embora tenha passado por muitas dificuldades, Davi trabalhou para restaurar seu relacionamento com Deus e fez tudo o que pôde para minimizar as conseqüências de seu fracasso na vida dos outros.

Bíblia da liderança cristã

Superando limites

"No passado, mesmo quando Saul era rei, eras tu quem liderava Israel em suas batalhas. E o SENHOR te disse: 'Você pastoreará Israel, o meu povo, e será o seu governante'."

2 Samuel 5:2

Por que Saul falhou como rei de Israel, enquanto Davi obteve êxito? A resposta pode ser encontrada na Lei do Limite. A capacidade de liderança é o limite que determina o grau de eficácia de uma pessoa. E, para atingir o mais alto nível de eficácia, você deve superar o limite da sua capacidade de liderança. Davi tinha muitas limitações em sua vida, mas elas nunca o detiveram:

1. Sua família
2. Seu líder
3. Seu passado
4. Sua juventude e inexperiência

No fim, Davi tornou-se um grande líder — e não por estar isento de limitações, mas por tê-las superado.

Todo líder tem limites em sua vida; ninguém nasce sem eles. E esses limites não desaparecem quando recebemos um título, alcançamos uma posição ou somos investidos de poder. A questão não é se você tem limitações, mas o que você faz com suas limitações.

Bíblia da liderança cristã

Seguindo os seus passos

Arão e seus filhos fizeram tudo o que o SENHOR tinha ordenado por meio de Moisés.

Levítico 8:36

Como muitos líderes através da história, Arão recebeu um chamado divino. Deus escolheu Arão e seus filhos para servirem como pastores de Israel e os encarregou de executar rituais e sacrifícios em nome de todos os israelitas. A Escritura dá detalhes meticulosos de sua ordenação e chamado. Sua conduta deveria ser irrepreensível — Deus deixou claro que a desobediência a suas orientações estabelecidas resultaria em morte.

Apesar de seu elevado chamado, Arão, às vezes, lutava com sua autoridade. Uma vez, cedeu aos desejos depravados do povo e guiou Israel a um ritual pagão de adoração, uma abominação que resultou na morte de muitos israelitas. Arão tinha sido escolhido para servir a Deus, mas naquela ocasião escolheu viver e liderar de forma diferente.

O fracasso de um líder costuma resultar em conseqüências muito mais graves do que o fracasso de pessoas em posições menos elevadas; no dia em que Arão falhou, "morreram cerca de três mil dentre o povo" (Êxodo 32:28). Quando líderes caem, os seguidores também pagam o preço.

Bíblia da liderança cristã

Esta semana: Você está deixando alguma das limitações da sua vida impedirem você? Quem já sofreu por causa dos seus fracassos? Peça perdão a pessoas-chave, e veja se há algum modo de reparar os danos.

A PROMESSA DE DEUS AOS LÍDERES

A boca do justo profere sabedoria, e a sua língua fala conforme a justiça. Ele traz no coração a lei do seu Deus; nunca pisará em falso.

Salmo 37:30,31

A PROMESSA DE UM LÍDER À EQUIPE

Sei o quanto preciso da ajuda de Deus, e torno a ele diariamente para aconselhamento e encorajamento.

SEMANA 2

RECONHEÇA O PAPEL DE DEUS

Quando contemplo os teus céus, obra dos teus dedos, a lua e as estrelas que ali firmaste, pergunto: Que é o homem, para que com ele te importes? E o filho do homem, para que com ele te preocupes? Tu o fizeste um pouco menor do que os seres celestiais e o coroaste de glória e de honra. Tu o fizeste dominar sobre as obras das tuas mãos; sob os seus pés tudo puseste [...] SENHOR, Senhor nosso, como é majestoso o teu nome em toda a terra!

SALMO 8:3-6, 9

"Quando é que a confiança de um líder se torna arrogância? Como é a humildade na vida de um líder?" Você já se fez essas perguntas? O Salmo 8 mostra aos líderes como equilibrar identidade e auto-estima. Pense como Davi se mantém tanto confiante quanto humilde.

1. Davi reconhece sua própria fraqueza e humanidade. Sabe que, na imensidão do universo, o homem é apenas uma minúscula parte.
2. Davi reconhece a posição e os privilégios recebidos de Deus. Sabe que Deus criou a humanidade um pouco menor que si.
3. Davi equilibra esses dois aspectos ao dar toda a glória a Deus e fecha o salmo do jeito que o começou: louvando o Senhor por todo o bem que adveio de sua vida e liderança.

Bíblia da liderança cristã

A segurança encontra-se em Deus, e não nos seguidores

Se não for o SENHOR o construtor da casa, será inútil trabalhar na construção. Se não é o SENHOR que vigia a cidade, será inútil a sentinela montar guarda.

Salmo 127:1

A menos que Deus permaneça no centro dos seus esforços, você trabalha em vão. Quer lideremos nas forças armadas, em construção ou por trás de uma mesa, não podemos lutar, construir nem planejar o suficiente para ganhar nada permanente. Líderes espertos não apenas incluem Deus em sua estratégia, mas o colocam no centro dela. Confira as seguintes orientações sobre segurança:

1. Pessoas não podem fornecer segurança permanente a um líder.
2. Líderes nunca devem deixar sua saúde emocional nas mãos de outros.
3. A saúde espiritual e emocional exige a verdade.
4. Líderes sabem que pessoas machucadas naturalmente machucam pessoas.
5. Problemas aparecem quando líderes dependem de pessoas para fazer o que apenas Deus pode fazer.

Em apuros? Vá a Deus. "Coloquei toda minha esperança no SENHOR; ele se inclinou para mim e ouviu o meu grito de socorro. Ele me tirou de um poço de destruição, de um atoleiro de lama; pôs os meus pés sobre uma rocha e firmou-me num local seguro" (Salmo 40:1,2). Deus é rico de graça e misericórdia. Ele não apenas perdoa, mas restaura e redime. Quando chegam tempos de apuros — até mesmo apuros que trazemos a nós mesmos — devemos recorrer a Deus e esperar pacientemente por sua ajuda. Ele nunca falhará conosco.

Bíblia da liderança cristã

Mostre o caminho

Eu o instruirei e o ensinarei no caminho que você deve seguir;
eu o aconselharei e cuidarei de você.

Salmo 32:8

Líderes devem observar atentamente as necessidades e os problemas do rebanho. Deus espera que líderes espirituais sirvam como guias. Um guia leva uma pessoa ou grupo com segurança a um destino planejado. A palavra hebraica para "guia" nos dá várias dicas sobre o que Deus espera daqueles que usa como líderes. Um guia...

- é um cabeça espiritual que une e dirige as pessoas em sua caminhada com Deus;
- leva as pessoas no caminho reto que leva à comunhão com Deus;
- dá conselhos precisos e de Deus àqueles que precisam.
- guia com carinho e confiança, tranqüilizando seus liderados;
- baseia sua direção no Espírito e na Palavra de Deus.

Bíblia da liderança cristã

Esta semana: Medite diariamente no Salmo 23. Então note o que acontece com seu nível de estresse. O Salmo 23 mostra o que só Deus pode controlar e o que nós podemos controlar. Distingue os problemas (coisas que podemos mudar) dos fatos (coisas que não podemos mudar). Define Deus como nosso(a)...

Posse	Provisão	Paz
Perdão	Parceiro	Preparação
Adoração	Paraíso	

Bíblia da liderança cristã

A PROMESSA DE DEUS AOS LÍDERES

Se o meu povo, que se chama pelo meu nome, se humilhar e orar, buscar a minha face e se afastar dos seus maus caminhos, dos céus o ouvirei, perdoarei o seu pecado e curarei a sua terra. De hoje em diante os meus olhos estarão abertos e os meus ouvidos atentos às orações feitas neste lugar.

2 Crônicas 7:14,15

A PROMESSA DE UM LÍDER À EQUIPE

Eu entendo que a qualidade da minha liderança vem da qualidade do meu coração. Guardarei meu coração.

SEMANA 3

ALCANCE VITÓRIA SOBRE SI MESMO

Os líderes de Zoã não passam de insensatos; os sábios conselheiros do faraó dão conselhos tolos... Que lhe mostrem, se é que eles têm conhecimento do que o SENHOR dos Exércitos tem planejado contra o Egito. Tornaram-se tolos os líderes de Zoã, e os de Mênfis são enganados; os chefes dos seus clãs induziram o Egito ao erro.

Isaías 19:11-13

A maioria dos líderes naturais não aspira ser grandes líderes, mas sim, grandes homens e grandes mulheres. Qualificações pessoais possibilitam qualificações de liderança. Quando líderes conduzem bem suas próprias vidas, são naturalmente seguidos.

Pense em Madre Teresa de Calcutá, Índia. Duvido que pensasse: "Vou ser uma grande líder!" No entanto, tornou-se uma grande líder ao decidir ser a pessoa que Deus a criou para ser.

Se queremos que nossa liderança dure, devemos prestar atenção a esses quatro elementos fundamentais:

O *caráter* nos permite fazer o que é certo mesmo quando parece difícil.

A *perspectiva* nos permite entender o que deve acontecer para que um objetivo seja atendido.

A *coragem* nos permite tomar iniciativa e correr riscos para andar na direção de um objetivo que valha a pena.

A *consideração* nos permite atrair e dar poderes aos outros para se juntarem a nós na causa.

Bíblia da liderança cristã

Vitória interior

Como um líder busca a vitória sobre si mesmo? Pense em como o rei Josias se conquistou (2 Crônicas 34:31).

1. *Ele permaneceu aberto a ensinamentos.* Josias se humilhou. Rompeu com os modos de seu arrogante pai e buscou a Deus.

2. *Ele removeu obstáculos trazidos do passado.* Josias limpou o país dos ídolos.

3. *Percebeu em que precisava se esforçar.* A vitória sempre vem a um custo pessoal. Para Josias, isso significou consertar o templo e reinstituir o Pessach.

4. *Reconheceu o segredo para a vitória.* Para Josias, o segredo para a vitória era o arrependimento.

5. *Manteve o compromisso pessoal de vencer.* As pessoas nunca se comprometem mais que seu líder. O comprometimento pessoal de Josias inspirou fé em seus liderados, apesar de seus desejos e história malignos.

Que qualidades todo líder deveria possuir? O Salmo 15 lista muitos dos traços necessários. Davi imagina um líder piedoso com as seguintes características:

- íntegro em sua conduta
- não usa a língua para difamar
- nenhum mal faz ao seu semelhante
- rejeita quem merece desprezo
- honra os que temem o SENHOR
- mantém a sua palavra, mesmo quando sai prejudicado
- não empresta o seu dinheiro visando ao lucro
- forte e estável

Bíblia da liderança cristã

Alarmes para líderes

Não se deixem enganar: de Deus não se zomba. Pois o que o homem semear, isso também colherá. Quem semeia para a sua carne, da carne colherá destruição; mas quem semeia para o Espírito, do Espírito colherá a vida eterna. E não nos cansemos de fazer o bem, pois no tempo próprio colheremos, se não desanimarmos. Portanto, enquanto temos oportunidade, façamos o bem a todos, especialmente aos da família da fé.

Gálatas 6:7-10

Não podemos enganar Deus, que tudo vê. Para garantir que estamos vivendo através de sua verdade, busque pessoas de confiança para agirem como seus "alarmes" e lhe fazerem perguntas difíceis, como as seguintes:

- Sua caminhada pessoal com Deus está em dia?
- Você está mantendo as prioridades certas?
- Você está se fazendo as perguntas certas?
- Você pode ser considerado uma autoridade?
- Você é sensível ao que Deus está dizendo a todo o corpo de Cristo?
- Você é preocupado demais com construir sua própria imagem?
- Você investe mais em "eventos" do que em "processo"?
- Você é sozinho em sua liderança e vida pessoal?
- Você é ciente e honesto em relação às suas fraquezas?
- Seu chamado está constantemente diante de você?

Bíblia da liderança cristã

Esta semana: Considere quais vitórias sobre si mesmo ainda precisa atingir. Qual é seu plano de batalha? Que vitórias já foram conseguidas ou estão quase?

A PROMESSA DE DEUS AOS LÍDERES

Se afirmarmos que estamos sem pecado, enganamos a nós mesmos, e a verdade não está em nós. Se confessarmos os nossos pecados, ele é fiel e justo para perdoar os nossos pecados e nos purificar de toda injustiça.

1 João 1:8,9

A PROMESSA DE UM LÍDER À EQUIPE

Eu levo meu caráter a sério. Minha bússola moral funciona. Às vezes, eu caio; no entanto, se isso acontece, peço desculpas e ajo rápido para reparar os danos causados pelos meus erros.

SEMANA 4

CRIE UM EQUILÍBRIO ENTRE SEUS DONS E SEU CARÁTER

Quem insiste no erro depois de muita repreensão, será destruído, sem aviso e irremediavelmente.

PROVÉRBIOS 29:1

Quantos líderes já arruinaram sua vida e estragaram a vida dos outros por imoralidade? O caráter tornou-se uma questão crucial hoje em dia por causa dos muitos líderes no mundo da política, dos negócios e da religião que caíram moralmente. Líderes precisam lembrar que influenciam muitos outros além de si próprios; eles nunca caem em um vácuo. Também precisam perceber que substituir líderes que caíram é um processo lento e difícil.

Então, como podemos nos guardar quanto a uma queda? Primeiro, devemos cuidar para não enfatizar os dons de um líder mais do que seu caráter. Temos uma tendência nada saudável de ver e recompensar o dom mais do que o caráter; mas ambos devem ser desenvolvidos. Devemos atingir o seguinte equilíbrio se quisermos resultados positivos:

O que eu sou — humilde, culpado, visionário
O que eu faço — confio em Deus, faço a coisa certa, estabeleço metas
O que eu ganho — poder de Deus, moral alto, credibilidade

Bíblia da liderança cristã

Derrotado para melhorar

Até mesmo líderes dotados com uma tremenda capacidade de liderança natural podem passar por momentos difíceis, especialmente em questões de caráter. Isso foi verdade para Jacó. Desde o começo de sua vida ele demonstrava dons de liderança. Rico, forte e abençoado com uma família grande, Jacó parecia ter tudo. Mas não pode ser um instrumento eficaz nas mãos de Deus um líder que segue a si próprio. Deus teve que derrotar Jacó para torná-lo útil (Gênesis 32:24,25). No processo da derrota, Jacó — o ardiloso "apanhador de calcanhares" — tornou-se Israel, "príncipe de Deus", com o propósito de servir a Deus em vez de a si próprio.

Líderes naturais muitas vezes precisam ser derrotados. Considere sua habilidade natural para liderar um dom de Deus, mas seu caráter um dom que é preciso devolver a Deus. Sempre que se levantar sob o peso da adversidade, estará sendo preparado, como foi Jacó, para melhor servir a Deus e liderar pessoas.

Sinais de aviso. Ao longo do livro de Ester, Hamã nos dá uma imagem clara de um líder fora de controle:

1. Ele perdia a alegria com pequenos problemas.
2. Ele precisava de amigos para fortalecer sua auto-imagem.
3. Sua ambição o deixava infeliz.
4. Ele ouvia as pessoas erradas.
5. Ele se achava bom demais.
6. Ele cavou sua própria queda.
7. Ele colheu o que plantou.

Bíblia da liderança cristã

Conserte falhas de caráter

Nessa ocasião, o rei Herodes prendeu alguns que pertenciam à igreja, com a intenção de maltratá-los, e mandou matar à espada Tiago, irmão de João. Vendo que isso agradava aos judeus, prosseguiu, prendendo também Pedro durante a festa dos pães sem fermento.

Atos 12:1-3

O ego dominava o rei Herodes no tempo de Paulo, assim como também agiram o pai e o avô de Herodes. Nenhum deles tinha um pingo de caráter. A falta de caráter de Herodes fornece muitos exemplos do que um líder não deve fazer:

1. Ele maltratava seus próprios cidadãos.
2. Ele tomava decisões baseadas na popularidade.
3. Ele agia irracionalmente em tempos difíceis.
4. Ele cultivava ódio às pessoas.
5. Ele buscava o poder por causa de sua insegurança.
6. Ele projetava uma imagem infalível de si.
7. Seu ego o cegava.

Para melhorar seu caráter e construir uma base sólida de sua própria liderança, você deve:

- Identificar onde é fraco ou pegou atalhos.
- Buscar padrões.
- Pedir perdão àqueles com quem você errou.
- Permanecer aberto a ensinamentos e reconstruir.

Bíblia da liderança cristã

Esta semana: Preste atenção em especial ao seu caráter. Você está vivendo de acordo com os padrões aos quais aspira? Onde está errando? Como pode melhorar? Quais vitórias de caráter teve recentemente?

A PROMESSA DE DEUS AOS LÍDERES

Quem é o homem que teme o SENHOR? Ele o instruirá no caminho que deve seguir. Viverá em prosperidade, e os seus descendentes herdarão a Terra. O SENHOR confia os seus segredos aos que o temem, e os leva a conhecer a sua aliança.

Salmo 25:12-14

A PROMESSA DE UM LÍDER À EQUIPE

Eu respeito Deus. Eu busco ser seu amigo e viver em sua sabedoria. Essa ênfase me fará um líder melhor para nossa equipe.

SEMANA 5

SEJA UM MENTOR

Sempre que Moisés ia até lá, todo o povo se levantava e ficava em pé à entrada de suas tendas, observando-o, até que ele entrasse na tenda.

ÊXODO 33:8

Modelar provê a base de toda liderança verdadeira. Líderes devem dar o exemplo a seus seguidores. Moisés demonstrou essa verdade. As pessoas o observavam quando ficava com Deus, intercedendo por eles em uma comunhão íntima e pessoal — e isso os modificou mais do que qualquer sermão poderia ter feito. Se você quer gozar de um relacionamento íntimo com Deus, como tinha Moisés, deve praticar o que ele fazia:

1. Isole-se regularmente.
2. Busque a Deus com todo seu coração.
3. Corra o risco de ser observado e examinado.
4. Aprenda a ouvir e obedecer à voz de Deus.
5. Faça uma aliança com Deus.

Lembre-se: o princípio número um de gerência no mundo é: AS PESSOAS FAZEM O QUE AS PESSOAS VÊEM. Para obter sucesso, os líderes devem encarnar a vida que desejam em seus seguidores.

Bíblia da liderança cristã

Escolha favoritos

Um dos maiores erros que um treinador pode cometer é acreditar que deve tratar todos seus jogadores da mesma forma. Treinadores são contratados para vencer — não para deixar a todos felizes ou proporcionar-lhes tempo, dinheiro ou recursos de modo igualitário. Todo jogador deve receber apoio e encorajamento, mas desempenhos fracos ou medíocres não devem ser recompensados da mesma forma que as contribuições fora do comum.

Grandes treinadores distribuem oportunidades, recursos e tempo de jogo de acordo com o histórico de desempenho dos jogadores. Quanto melhor o desempenho, maiores as oportunidades. Quando há na equipe um jogador como Michael Jordan, você quer botar a bola na mão dele o maior tempo possível.

Quando você não tem certeza do nível de desempenho de um jogador, especialmente um "novato", dê-lhe oportunidades freqüentes mas pequenas para determinar seu calibre de jogo. Isso mostrará a você como agir.

Developing the Leaders Around You [Desenvolvendo os líderes à sua volta]

Veja o coração e o potencial. Toda pessoa carrega a semente do sucesso. Para encontrá-la em seus liderados, você tem que olhar para seus dons, temperamento, paixões, sucessos, alegrias e oportunidades. E, quando encontrar essa semente, você precisa fertilizá-la com encorajamento e regá-la com oportunidade. Lembre-se...

- Todo mundo quer sentir que vale a pena.
- Todo mundo precisa e reage a encorajamento.
- A motivação costuma ser algo natural.
- As pessoas apostam em quem você é antes de apostarem em sua liderança.
- Quanto mais você entende as pessoas, maior é a sua chance de sucesso como mentor.

Your Road Map for Success [Seu mapa para o sucesso]

Compartilhe a estratégia

E disse-lhes: "Vão pelo mundo todo e preguem o evangelho a todas as pessoas."

Marcos 16:15

Por minha experiência, todo bom treinador trabalha a partir de uma estratégia: não só uma para cada jogo, mas também para o desenvolvimento do time inteiro pelo decurso da temporada atual e das vindouras. Depois que a estratégia já foi desenhada, ele então a comunica ao time quase que continuamente. Paul "Urso" Bryant, o lendário treinador de futebol americano do Alabama, explicitava esse último processo por meio de cinco pontos:

1. Dizer aos jogadores o que espera deles.
2. Dar aos jogadores uma oportunidade de participar.
3. Dizer aos jogadores como estão indo.
4. Instruir e delegar quando os jogadores precisarem.
5. Recompensar os jogadores de acordo com sua contribuição.

Tudo começa com a comunicação da estratégia. Essa é a chave para a produtividade. Mas deve continuar com a troca de informações. Como afirmou Sydney J. Harris, informação é "distribuir" enquanto comunicação é "atingir". Quando existe comunicação interativa entre o líder do time e o pessoal, isso lhes dá forças para vencer.

Developing the Leaders Around You [Desenvolvendo os líderes à sua volta]

Esta semana: O Salmo 119 é o capítulo mais longo da Bíblia, e um dos temas principais é a paixão do autor pela mentoria de Deus. Leia o Salmo 119 e pense em como sua paixão pela mentoria de Deus se compara à do autor.

A PROMESSA DE DEUS AOS LÍDERES

E ele designou alguns para apóstolos, outros para profetas, outros para evangelistas, e outros para pastores e mestres, com o fim de preparar os santos para a obra do ministério, para que o corpo de Cristo seja edificado.

Efésios 4:11,12

A PROMESSA DE UM LÍDER À EQUIPE

Eu valorizarei a todos nesta equipe,
reconhecendo suas contribuições únicas
para a qualidade e o prazer do nosso trabalho.

SEMANA 6

SEJA CLARO QUANTO AOS PAPÉIS

Pois a palavra do rei é soberana, e ninguém lhe pode perguntar: "O que estás fazendo?" Quem obedece às suas ordens não sofrerá mal algum, pois o coração sábio saberá a hora e a maneira certa de agir... Tudo isso vi quando me pus a refletir em tudo o que se faz debaixo do sol. Há ocasiões em que um homem domina sobre outros para a sua própria infelicidade.

ECLESIASTES 8:4,5-9

Salomão tece comentários sobre nossa relação com as pessoas que nos lideram. Devemos nos submeter a eles não porque a pessoa merece, mas porque faz parte do ofício e Deus o decreta. E quanto aos líderes? Salomão também lhes manda um aviso. Quando tentam exercer a autoridade sem o coração de um servo, os líderes acabam se machucando. Considere o que ele diz.

O PAPEL DO LIDERADO

1. Submeta-se à autoridade dada por Deus.
2. Confie em Deus para atingir seu objetivo.
3. Não desista nem crie discórdia.

O PAPEL DO LÍDER

1. Exerça autoridade com sabedoria e cautela.
2. Reconheça que nenhum homem controla tudo na vida.
3. Lidere os outros servindo, não mandando.

Bíblia da liderança cristã

Chame os reservas

Depois disso o Senhor designou outros setenta e dois e os enviou dois a dois, adiante dele, a todas as cidades e lugares para onde ele estava prestes a ir.

Lucas 10:1

Se você observar a escalação de qualquer time de sucesso, você verá que sempre existem menos principiantes do que jogadores experientes. Times que vencem campeonatos têm substitutos fortes e prontos esperando no banco.

Isso se repete em todas as áreas. Na indústria do entretenimento, os atores muitas vezes são conhecidos, mas os membros da equipe não. Para qualquer político, executivo ou estilista de moda famoso que você conheça, centenas de pessoas estão trabalhando silenciosamente nos bastidores para tornar seu trabalho possível. Ninguém pode negligenciar a maior parte da equipe e ainda esperar obter sucesso.

Qualquer time que queira obter sucesso deve contar com, além de principiantes, bons substitutos. Você pode obter resultados incríveis com um pequeno grupo sensacional, mas, se quiser que seu time vá bem por um bom tempo, deve construir um bom banco. Um bom time sem um banco eventualmente desmorona.

As 17 incontestáveis leis do trabalho em equipe

Honre a todos no time

E os membros que pensamos serem menos honrosos, tratamos com especial honra...

1 Coríntios 12:23

As pessoas que constroem times de sucesso nunca esquecem que o papel de todo mundo é contribuir para o bem maior.

Há uma história na vida de ninguém menos que Winston Churchill que ilustra muito bem esse fato. Durante a Segunda Guerra Mundial, quando a Grã-Bretanha estava passando por seus dias mais sombrios, o país teve dificuldade de manter os homens trabalhando nas minas de carvão. Muitos queriam abandonar seus empregos sujos e ingratos nas minas perigosas para se alistarem no serviço militar, algo que angariava muito apoio e louvor do público. E no entanto, sem carvão, os militares e as famílias em casa estariam em apuros.

Então Churchill resolveu encarar uma multidão de mineradores de carvão para falar-lhes apaixonadamente de sua importância para o esforço da guerra, enfatizando o quanto seu papel seria decisivo para manter o país em liberdade. Conta-se que aqueles homens endurecidos ficaram com os olhos cheios de lágrimas. E retornaram a seu trabalho desgraçado com determinação de aço. É dessa mentalidade que se precisa para construir um time.

As 17 incontestáveis leis do trabalho em equipe

Esta semana: Quem são seus principiantes? Seus reservas? Todos estão cientes da importância de seus papéis? Encontre um jeito de lembrar aos reservas o quanto são apreciados e valorizados.

A PROMESSA DE DEUS AOS LÍDERES

Ordene aos que são ricos no presente mundo que não sejam arrogantes, nem ponham sua esperança na incerteza da riqueza, mas em Deus, que de tudo nos provê ricamente, para a nossa satisfação. Ordene-lhes que pratiquem o bem, sejam ricos em boas obras, generosos e prontos a repartir. Dessa forma, eles acumularão um tesouro para si mesmos, um firme fundamento para a era que há de vir, e assim alcançarão a verdadeira vida.

1 Timóteo 6:17-19

A PROMESSA DE UM LÍDER À EQUIPE

Eu me treinarei para ser generoso tanto em relacionamentos como em recursos.

SEMANA 7

SEJA GENEROSO

Se houver algum israelita pobre em qualquer das cidades da terra que o SENHOR, o seu Deus, lhes está dando, não endureçam o coração, nem fechem a mão para com o seu irmão pobre. Ao contrário, tenham mão aberta e emprestem-lhe liberalmente o que ele precisar.

DEUTERONÔMIO 15:7,8

Se grandes líderes erram, eles o fazem para o lado da generosidade. Afinal, são doadores, não cobradores. Eles se sentem motivados a:

1. Servir a seus liderados para que se desenvolvam.
2. Suplantar os obstáculos ao desenvolvimento do potencial de seus liderados.
3. Lutar por causas que beneficiem a humanidade.

Deus instrui seus líderes e toda a nação de Israel a imitar sua generosidade e graça. Ao final de cada sete anos, todo israe-lita deveria cancelar todas as dívidas de seus compatriotas. Se eles realmente cancelassem as dívidas, dessem o exemplo de graça e perdão e cuidassem dos pobres, Deus favoreceria sua terra com colheitas abundantes e liberdade de invasões. Imagine! Simplesmente precisariam confiar que Deus estava no controle: ele cuidaria da chuva e do sol, proporcionando tempos de colheitas prolíficas.

Bíblia da liderança cristã

Entregue-se

Erga a voz em favor dos que não podem defender-se, seja o defensor de todos os desamparados. Erga a voz e julgue com justiça; defenda os direitos dos pobres e dos necessitados.

Provérbios 31:8,9

Nada excerce um impacto mais positivo que a doação. Isso é porque doar é viver em um nível mais alto. Os generosos concentram seu tempo e sua energia no que podem proporcionar aos outros, e não naquilo que podem conseguir deles. E, quanto mais a pessoa dá, melhor é sua atitude.

A maioria das pessoas que não são bem-sucedidas não entende esse conceito. Crêem que a postura de doação se baseia no quanto temos. Mas não é o que você tem que faz a diferença. É o que você faz com o que você tem. E isso é atitude.

Plante uma semente, mude uma vida. Já foi dito que construímos a vida com o que conseguimos, mas podemos construir uma vida com o que damos. Ajudar os outros é algo que você pode começar a fazer hoje, seja passando mais tempo com sua família, desenvolvendo um liderado que demonstra potencial, ajudando as pessoas na comunidade, ou refreando seus próprios desejos para beneficiar sua equipe. A chave é encontrar seu propósito e ajudar os outros enquanto você o busca. Como o apresentador Danny Thomas disse: "Todos nós nascemos por um motivo, mas nem todos descobrimos qual. O sucesso na vida não tem nada a ver com o que você ganha na vida ou consegue para si. É o que você faz para os outros."

Your Road Map for Success [Seu mapa para o sucesso]

Doar é viver em um nível mais alto

E Abrão lhe deu o dízimo de tudo.

Gênesis 14:20

Nada fala aos outros mais alto do que a generosidade de um líder. A generosidade verdadeira não é um evento ocasional. Vem do coração e permeia todos os aspectos da vida de um líder, tocando seu tempo, dinheiro, talentos e posses. Líderes eficazes não juntam coisas só para si; eles o fazem para dar aos outros.

Para cultivar a qualidade da generosidade na sua vida, faça o seguinte:

1. Seja grato pelo que quer que você tenha.
2. Ponha as pessoas em primeiro lugar.
3. Não deixe que o desejo pelas posses o controle.
4. Considere o dinheiro um recurso.
5. Desenvolva o hábito de doar.

O único jeito de manter uma atitude de generosidade é tornar um hábito doar seu tempo, atenção, dinheiro e recursos. Como Richard Foster afirma: "O simples ato de se abrir mão do dinheiro, ou de algum outro tesouro, faz algo dentro de nós. Destrói o demônio 'ganância'."

As 21 indispensáveis qualidades de um líder

Esta semana: Considere o que você já está dando, o que estão pedindo que você dê e o que você gostaria de dar mesmo sem ninguém ter pedido. Suas razões para aceitar ou negar pedidos podem ser boas, mas são misericordiosas? Como você se sente ao doar?

A PROMESSA DE DEUS AOS LÍDERES

A luz raia nas trevas para o íntegro, para quem é misericordioso, compassivo e justo. Feliz é o homem que empresta com generosidade e que com honestidade conduz os seus negócios. O justo jamais será abalado; para sempre se lembrarão dele.

Salmo 112:4-6

A PROMESSA DE UM LÍDER À EQUIPE

Tornarei nosso local de trabalho e as interações da nossa equipe o mais positivas possível. Louvarei o bem em nossa equipe mesmo quando tivermos que confrontar o mal.

SEMANA 8

SEJA POSITIVO

Por essa razão, torno a lembrar-lhe que mantenha viva a chama do dom de Deus que está em você mediante a imposição das minhas mãos. Pois Deus não nos deu espírito de covardia, mas de poder, de amor e de equilíbrio.

2 Timóteo 1:6,7

As pessoas crescem ou encolhem de acordo com o nosso nível de expectativa. Se você nutre ceticismo e dúvida com relação aos outros, eles retornarão sua falta de confiança com mediocridade. Mas, se você acredita neles e espera que eles vão bem, eles darão o melhor de si. E, no processo, tanto você quanto eles se beneficiarão.

Se você hesita em confiar nas pessoas, mude esse comportamento e comece a depositar sua fé nos outros. Sua vida rapidamente começará a melhorar. Demonstrar fé é como oferecer um incrível presente, talvez o melhor presente que se pode dar. Dê dinheiro aos outros, e ele é logo gasto. Dê recursos, e eles podem não ser usados para o melhor dos fins. Dê ajuda, e eles logo se verão na mesma situação em que estavam em pouco tempo. Mas dê-lhes sua fé e eles se tornam confiantes, ativos, auto-suficientes, vendo-se motivados para adquirir tudo de que precisam para obter sucesso sozinhos. E então depois, se você compartilhar dinheiro, recursos e ajuda, eles estarão mais capacitados a usá-los para construir um futuro melhor.

Becoming a Person of Influence [Tornando-se uma pessoa influente]

Dando um gás no moral baixo

Nada é mais desagradável do que estar em uma equipe cujos membros preferiam não fazer parte dela. Quando esse é o caso, a equipe normalmente é negativa, letárgica ou sem esperança. Se você se encontrar nesse tipo de situação, então faça o seguinte:

Investigue a situação. Aborde o que a equipe está fazendo de errado e comece a consertar o que está quebrado.

Bote fé. A única maneira de uma equipe mudar é se as pessoas acreditarem em si próprias. Como líder, você deve iniciar o processo.

Crie energia. Para transformar a equipe, você precisa trazer-lhe energia. Com o tempo, começará a contagiar a todos.

Dissemine a esperança. A maior necessidade dos jogadores a essa altura é esperança. Ajude-os a ver o potencial do time.

Para dar um gás para o time quando o moral está baixo, o líder deve agir com certa velocidade, mostrando produtividade. Afinal de contas, não se pode dirigir um carro estacionado! Para botar o time em movimento...

Dê o exemplo de comportamento com alto retorno. As pessoas fazem o que vêem.

Desenvolva relacionamentos com pessoas de potencial. Comece com quem demonstra potencial para ser produtivo. Lembre-se, líderes tocam o coração antes de pedir a mão.

Conquiste pequenas vitórias e envolva o time. Nada ajuda mais a crescer em habilidade e confiança como ter algumas vitórias nas costas.

Comunique a visão. Mantenha a visão diante de seu time continuamente porque a visão proporciona direção e confiança.

As 17 incontestáveis leis do trabalho em equipe

Você é Nota 10!

Há sempre algo em comum entre os positivos: eles amam as pessoas e tentam ver nelas o melhor. Uma das maneiras mais eficazes de ajudar você a enxergar o melhor nos outros é fazer o que eu chamo de colocar um "10" na cabeça deles. O que quero dizer é o seguinte: Todos temos expectativas em relação aos outros, mas podemos escolher se essas expectativas são positivas ou negativas. Podemos pensar que os outros não valem nada ou são maravilhosos. Quando tomamos a decisão de esperar o melhor e procurar os pontos positivos em vez dos problemáticos, estamos vendo uma "nota 10" em nossos liderados.

Essa habilidade é importante por duas razões. Primeiro, geralmente vemos nos outros o que esperamos ver. Segundo, as pessoas costumam crescer ou encolher de acordo com nosso nível de expectativa.

Your Road Map for Success [Seu mapa para o sucesso]

Esta semana: As epístolas Paulinas são cheias de instruções para crescer em Cristo, mas Paulo também não deixou de encorajar as jovens igrejas. Leia Filipenses 1:3-6, e considere como você pode, de forma semelhante, encorajar os membros da sua equipe. "Agradeço a meu Deus toda vez que me lembro de vocês. Em todas as minhas orações em favor de vocês, sempre oro com alegria por causa da cooperação que vocês têm dado [...] Estou convencido de que aquele que começou boa obra em vocês vai completá-la até o dia de Cristo Jesus."

A PROMESSA DE DEUS AOS LÍDERES

Aquele que perseverar até o fim será salvo.

Mateus 24:13

A PROMESSA DE UM LÍDER À EQUIPE

Passaremos por momentos difíceis, mas farei de tudo para que não sejamos impedidos rumo a nossas metas. Agüentaremos, melhoraremos e sobreviveremos.

SEMANA 9

TRANSFORME-SE EM UM CRIADOR DE *MOMENTUM*

Quando todo o Israel ouviu o veredicto do rei, passou a respeitá-lo profundamente, pois viu que a sabedoria de Deus estava nele para fazer justiça.

1 REIS 3:28

É preciso um líder para criar *momentum*. Liderados o agarram e gerentes conseguem levá-lo adiante. Mas criar *momentum* exige alguém que possa motivar em vez de precisar ser motivado. Assim como todo velejador sabe que não se pode conduzir um navio que não se move, líderes fortes entendem que, para mudar a direção, deve haver progresso. Sem *momentum*, até mesmo as tarefas mais simples podem parecer insuperáveis. Com ele, porém, quase qualquer tipo de mudança é possível.

Veja como o jovem Salomão criou *momentum*:

- Ele começou com o que Davi forneceu.
- Ele fez escolhas sábias que lhe deram credibilidade.
- Ele manteve a paz.

Nenhum líder pode ignorar o impacto do momento. É percebendo isso que você e seu pessoal estarão aptos a conquistar o impossível. A escolha para construir *momentum* é sua.

A Bíblia Maxwell da liderança

Pequenas coisas para manter o *momentum*

Eu lhes disse essas coisas para que em mim vocês tenham paz. Neste mundo vocês terão aflições; contudo, tenham ânimo! Eu venci o mundo.

João 16:33

Quando seu pessoal está ganhando e o moral está alto, você ainda tem um papel importante como líder: ajudar a equipe a manter o moral e *momentum* alto...

Mantenha a equipe focada e *agindo*. Se membros do time perdem o foco e saem do caminho, vão parar de ganhar.

O sucesso da comunicação. Nada levanta tanto o moral como vencer e celebrar.

Remova tudo que estrague o moral. Uma vez que a equipe está fluindo na direção certa, mantenha como está. Por verem antes de outros, os líderes precisam proteger a equipe do que possa feri-la no futuro.

Permita que outros líderes liderem. Quando um líder prepara outros membros da equipe para comandar e depois os deixa à vontade para executar, há dois resultados positivos. Primeiro, usa-se o *momentum* existente para criar novos líderes para a equipe. É mais fácil desenvolver eficazmente novos líderes se eles forem parte de uma equipe vencedora. Segundo, isso aumenta a liderança da equipe e prolonga seu sucesso.

O processo de construir um moral alto é simples, mas não é fácil; leva tempo e requer liderança forte.

As 17 incontestáveis leis do trabalho em equipe

Vá Até o Fim

Combati o bom combate, terminei a corrida, guardei a fé.

2 Timóteo 4:7

Até mesmo quem não têm talento e falha em cultivar outras qualidades vitais podem contribuir se eles possuírem um espírito tenaz. Ser tenaz significa...

1. *Dar tudo que você tem, não mais do que você tem.* Há quem acredite que ser tenaz requer mais do que se pode dar. Como resultado, quem pensa assim não se cobra muito. Porém, ser tenaz requer que você se doe 100% — não mais, mas com certeza, não menos.

2. *Trabalhar com determinação, não esperar o destino.* Pessoas tenazes não confiam em sorte ou destino para o sucesso. Sabem que a hora de tentar não é hora de desistir.

3. ***Abandonar quando o trabalho está feito, não quando você está cansado.*** Se quer que seu time dê certo, deve tentar ir além de onde pode. A vitória não é ganha até o último passo da corrida, o último lance no jogo de basquete, a última jarda na linha final.

The 17 Essential Qualities of a Team Player
[As 17 qualidades essenciais de um jogador de equipe]

Esta semana: Examine sua persistência e disciplina. Em que na sua vida e no seu trabalho você precisa melhorar? Leia Hebreus 11 para rever a lista de alguns personagens bíblicos mais fascinantes em relação à fé persistente. O que poderia ser dito de você? "Pela fé, eu, __________, persisto em ___________."

A PROMESSA DE DEUS AOS LÍDERES

Pois a inconstância dos inexperientes os matará, e a falsa segurança dos tolos os destruirá; mas quem me ouvir viverá em segurança e estará tranqüilo, sem temer nenhum mal.

Provérbios 1:32,33

A PROMESSA DE UM LÍDER À EQUIPE

Eu reconheço que todos em nossa equipe têm influência. Seus *insights* têm importância! Ouvirei a cada um e os ajudarei a crescer.

SEMANA 10

COMECE A LIDERAR COM AMOR

Os lábios do rei falam com grande autoridade;
sua boca não deve trair a justiça.

PROVÉRBIOS 16:10

Se você deseja influenciar outras pessoas, precisa cuidar delas. O que o clérigo John Knox disse há mais de quatrocentos anos atrás ainda é verdade: "Você não pode antagonizar e influenciar ao mesmo tempo."

Cuidar significa, sobretudo, nutrir uma preocupação genuína com os outros. Para ajudar e influenciar positivamente, é preciso cultivar sentimentos positivos pelos liderados. Não se pode desgostar deles ou ridicularizá-los. Você lhes deve amor e respeito.

Diante do exposto aqui, você deve se perguntar por que assumir um papel de provedor em suas relações, especialmente com seus funcionários, colegas ou amigos. Talvez pense: "Não seria melhor se eles procurassem cuidados especiais em outro lugar, como em casa?" A infeliz verdade é que a maioria está desesperada por encorajamento. Tornar-se um grande provedor é aproveitar a oportunidade de causar um grande impacto na vida das pessoas.

Becoming a Person of Influence [Tornando-se uma pessoa influente]

Influência desigual

Influência é algo curioso. Mesmo que causemos algum tipo de impacto a nossa volta, precisamos reconhecer que nosso nível de influência não é o mesmo com todo mundo. Uma boa explicitação deste princípio: tente dar ordens ao cachorro do seu melhor amigo na próxima vez que você visitá-lo.

Você pode não ter pensado muito sobre isso, mas certamente sabe quem recebe com mais intensidade a sua influência. Um pode achar que todas as suas idéias são maravilhosas. Já outro responde a tudo o que você fala com uma dose de ceticismo. Porém, essa mesma pessoa pode amar todas as idéias apresentadas por seu chefe ou um de seus colegas. Isso apenas mostra que sua influência com ele pode não ser tão forte como a de outra pessoa.

Becoming a Person of Influence [Tornando-se uma pessoa influente]

A POSIÇÃO NÃO FAZ O LÍDER. Um título pode dar autoridade a alguém, mas não influência, que vem da pessoa e deve ser conquistada. Por exemplo, Davi estava governando Israel muito antes de Saul perder seu trono (1 Crônicas 11:1,2). Davi ganhou influência e Saul não. Por quê?

Unidade. Davi reuniu as pessoas e criou unidade.

Identificação. Davi se identificou com seus seguidores como família.

Credibilidade. Davi liderou campanhas militares com sucesso.

Unção. Davi aproveitava a mão de Deus e o poder em sua vida.

Parceria. Davi trabalhou corporativamente com líderes-chave.

Bíblia da liderança cristã

Veja o líder, conheça os seguidores

As pessoas refletem seus líderes. Não podemos esperar que seguidores cresçam além de seus líderes. Não podemos esperar que seguidores sejam fundamentalmente diferentes de seus líderes. Considere o que Provérbios 29 nos diz sobre a influência de líderes ruins.

Atitudes. Quando bons líderes governam, as pessoas regozijam-se; quando o mal reina, as pessoas reclamam (v. 2).

Estabilidade. Quando líderes morais governam, eles estabelecem justiça; líderes comprometidos põem tudo abaixo (v. 4).

Compaixão. Bons líderes expressam preocupação com os pobres; líderes ruins não refletem compaixão por ninguém (v. 7).

Honestidade. Quando líderes prestam atenção em mentiras, seu pessoal começa a estimar as mesmas ilusões (v. 12).

Visão. Visões sólidas mantêm todo mundo na linha; o caos reina onde quer que a visão cometa um lapso (v. 18).

Bíblia da liderança cristã

Esta semana: Avalie a si próprio e sua jornada de liderança de acordo com a fórmula:

Competência + Caráter + Conexão = Influência

Como você se sai em todas aquelas áreas que dizem respeito ao seu trabalho? Sua família? Sua comunidade? Você se dá bem com sua família? Você demonstra excelência em suas tarefas? Seu caráter está alinhado com seus valores? Você percebe como todos esses elementos cooperam para criar seu nível de influência?

A PROMESSA DE DEUS AOS LÍDERES

Tal é a confiança que temos diante de Deus, por meio de Cristo... A nossa capacidade vem de Deus.

2 Coríntios 3:4,5

A PROMESSA DE UM LÍDER À EQUIPE

Confio em vocês, e acredito que juntos podemos conseguir o que precisamos fazer.

SEMANA 11

ACREDITE EM SI

Ninguém deve ficar com o coração abatido por causa desse filisteu; teu servo irá e lutará com ele.

1 Samuel 17:32

Um líder pouco autoconfiante não angaria seguidores. Já quem transmite confiança costuma atraí-los naturalmente.

Deixe-me lhe dar um exemplo. Na Rússia, em uma tentativa de golpe, tanques do exército cercaram o prédio do governo que abrigava o presidente Boris Yeltsin e seus apoiadores pró-democracia. Enquanto o exército tomava posição, Yeltsin saiu do prédio, subiu em um tanque, olhou nos olhos do comandante e agradeceu a ele por ter vindo para o lado da democracia. Mais tarde, o comandante admitiu que, embora eles não tivessem pretendido ir para o lado dele, Yeltsin pareceu tão confiante que os soldados decidiram se juntar a ele.

A confiança é característica de uma atitude positiva. Aqueles que alcançaram mais permanecem confiantes independentemente das circunstâncias. Líderes fortes reconhecem e apreciam a liderança nos outros. A confiança não é simplesmente para exibir. A confiança dá forças. Bons líderes são hábeis em levar seu pessoal a confiar na liderança que exercem. Grandes líderes levam seu pessoal a confiar em si próprios.

Developing the Leaders Around You [Desenvolvendo os líderes à sua volta]

As pessoas são atraídas a você?

Carisma é a habilidade de atrair pessoas a você. E, assim como outros traços de personalidade, pode ser desenvolvido. Cuidado com esses bloqueadores de carisma:

Orgulho. Ninguém deseja seguir um líder que pensa ser melhor do que os outros.

Insegurança. Se você não se sente bem com quem você é, outros também não se sentirão.

Instabilidade. Se as pessoas nunca sabem o que esperar de você, desistem de esperar alguma coisa.

Perfeccionismo. As pessoas respeitam o desejo pela excelência, mas temem expectativas totalmente irreais.

Ceticismo. As pessoas não querem se molhar na chuva causada por aqueles que vêem uma nuvem preta em todo lugar.

Se você conseguir se manter afastado dessas características, poderá desenvolver carisma.

As 21 indispensáveis qualidades de um líder

Ungido para Liderar. Quando Moisés trouxe os mandamentos, seu rosto brilhava com a glória de Deus (Êxodo 34:29). Os israelitas perceberam a presença de Deus na liderança de Moisés. A liderança ungida se caracteriza por:

1. *Carisma*. Os ungidos gozam de uma sensação de unção que vem de Deus. Parece magnético.

2. *Caráter*. As pessoas vêem a natureza de Deus na sua liderança. Elas confiam em você.

3. *Competência*. Você tem habilidade para o trabalho. Sua liderança produz resultados.

4. *Convicção*. Sua liderança tem fibra. Você sempre defende o que é certo.

Você atrai quem você é

Depois [Eliseu] partiu com Elias, tornando-se o seu auxiliar.

1 Reis 19:21

Líderes eficazes sempre estão à procura de boas pessoas. Mas quem você encontra não é determinado pelo que você quer, mas por quem você é. Na maioria das situações, você atrai pessoas que possuem as mesmas qualidades que você.

O que permitiu a Elias atrair pessoas com pensamentos semelhantes para o lado dele? Esta verdade: você atrai quem você é.

1. Todo líder tem um certo grau de magnetismo.
2. O magnetismo de um líder pode causar impacto nos outros intelectualmente, emocionalmente ou volitivamente.
3. O magnetismo não é nem bom nem mau por si só — depende do que o líder faz com ele.
4. Líderes seguros atraem tanto seguidores semelhantes quanto complementares.
5. O magnetismo de um líder nunca permanece estático.

É possível você conseguir recrutar pessoas diferentes de você, mas é essencial reconhecer que as pessoas que são diferentes não serão naturalmente atraídas a você. A qualidade delas depende de você. Se você acha que as pessoas que você atrai poderiam ser melhores, então está na hora de você melhorar.

Bíblia da liderança cristã

Esta semana: Pense em quão otimista ou pessimista você é em relação a si mesmo, à sua equipe, à sua situação atual e à sua missão. Quem concorda com você? Quem na sua equipe é uma influência positiva nos outros?

A PROMESSA DE DEUS AOS LÍDERES

Meu filho, não despreze a disciplina do SENHOR nem se magoe com a sua repreensão, pois o SENHOR disciplina a quem ama, assim como o pai faz ao filho de quem deseja o bem.

Provérbios 3:11,12

A PROMESSA DE UM LÍDER À EQUIPE

Quando houver um problema, eu lidarei com ele de modo imediato, direto e respeitoso, promovendo a correção do rumo.

SEMANA 12

IMPORTE-SE O SUFICIENTE PARA CONFRONTAR

"Você é esse homem!", disse Natã a Davi.

2 SAMUEL 12:7

A maioria evita confrontos. Uns têm medo de serem rejeitados ou hostilizados. Outros, de que o confronto crie mais problemas, gerando raiva e ressentimento. Mas evitar confrontos sempre piora a situação. O confronto pode se resolver de modo positivo para ambas as partes, revelando-se uma oportunidade para ajudar e desenvolver seu pessoal — se você o fizer com respeito e visando aos melhores interesses do outro. Aqui estão dez orientações para o confronto positivo.

1. Confronte o mais rápido possível.
2. Aborde a ação errada, não a pessoa.
3. Confronte apenas o que a pessoa pode mudar.
4. Dê à pessoa o benefício da dúvida.
5. Seja específico.
6. Evite o sarcasmo.
7. Evite palavras como "sempre" e "nunca".
8. Se for apropriado, diga como você se sente em relação ao erro.
9. Dê à pessoa uma estratégia para consertar o problema.
10. Afirme-o(a) como pessoa e como amigo.

O confronto positivo é um sinal certo de que você se importa com o outro e age em benefício dele.

Developing the Leaders Around You [Desenvolvendo os líderes à sua volta]

Todos são críticos

Líderes sempre podem contar com esses dois fatos: primeiro, serão criticados; segundo, a crítica transforma o líder. Pessoas infelizes tendem a atacar quem lidera. Note o que Deus e Moisés nos ensinam sobre como lidar com as críticas (Números 12).

1. Mantenha sua humildade (v. 3).
2. Encare a crítica diretamente (v. 4).
3. Seja específico quanto à questão (vv. 5-8).
4. Demonstre as conseqüências (vv. 9,10).
5. Ore pelos críticos (vv. 12,13).
6. Restabeleça-os quando apropriado (v. 14).

O confronto resulta em pureza e segurança. O confronto não é um castigo, mas um ato redentor de liderança. Os objetivos do confronto saudável são...

Clarificação. Compreenderei melhor o outro e o acontecimento.

Mudança. Espero melhoras. E talvez partam de mim!

Relacionamento. Certamente aprofundarei meu relacionamento com essa pessoa.

Pureza. Quando isso se espalhar, a organização se verá mais pura e sóbria.

Respeito. A organização pode aumentar o nível de respeito dos membros pela liderança.

Segurança. As pessoas se sentem seguras sabendo que os líderes são fortes o bastante para defender o que acham certo.

Bíblia da liderança cristã

O tijolo coberto de veludo

O Apóstolo Paulo amava os Coríntios, que eram seus irmãos e irmãs em Cristo, mas quando recebeu relatos de que divisões, imoralidade e orgulho tinham invadido a igreja, ele sabia que tinha que confrontar seu pecado (1 Coríntios 1:11). Era como se Paulo estivesse batendo na cabeça deles com um tijolo coberto de veludo — o tijolo sendo a condenação dos pecados, e o veludo seu amor por aqueles que Deus separou para as boas obras. Paulo praticava o "Princípio dos 101%" — dar 100% de atenção ao 1% de positivo a ser confirmado. Lembre-se, a confirmação vem antes do confronto. Líderes hábeis procuram o que é bom e o confirmam. Só depois abordam os problemas.

A integridade de Paulo também o fez defender Pedro, seu companheiro líder, de vários crentes judeus e gentios (Gálatas 2:14). Veja os preceitos a seguir no momento da crítica:

- Verifique suas razões.
- Certifique-se de que a questão é digna de crítica.
- Seja específico.
- Não mine a autoconfiança ou a identidade da pessoa.
- Não adie críticas necessárias.
- Olhe para si mesmo antes de olhar para os outros.
- Termine as críticas com encorajamentos.

Bíblia da liderança cristã

Esta semana: Pense em alguns conflitos recentes ou atuais. Quão prontamente você lida com os conflitos? Você é bom em confrontos? Reveja as listas neste capítulo várias vezes antes de um confronto. Como foi o confronto quando você tinha os princípios fresquinhos na cabeça?

A PROMESSA DE DEUS AOS LÍDERES

Feliz é o homem que persevera na provação, porque depois de aprovado receberá a coroa da vida, que Deus prometeu aos que o amam.

Tiago 1:12

A PROMESSA DE UM LÍDER À EQUIPE

Eu não sou perfeito, mas sei quem é. E estou dando o meu melhor para me tornar cada vez mais parecido com ele na minha vida pessoal e profissional.

SEMANA 13

CARÁTER É ESSENCIAL

O fruto da retidão é árvore de vida, e aquele que conquista almas é sábio.

PROVÉRBIOS 11:30

Todos os líderes desejam resultados, mas para tê-los é preciso fazer.

- Para conquistar metas altas, você deve ser um líder mais eficiente.
- Para atrair pessoas melhores, você deve ser uma pessoa melhor.
- Para ter grandes resultados, você deve ser uma pessoa de grande caráter.

Um problema comum ocorre quando a identidade real de um líder e os resultados desejados não combinam. Mas, quando líderes mostram competência, propósito e consistência de caráter, revelam-se poderosos modelos para a equipe — e isto mantém os membros a seu lado.

Se você deseja grandes realizações, seja uma pessoa melhor e um líder melhor. Sozinhos, não conquistamos grande coisa. Em qualquer tarefa, vale a pena pedir a ajuda de outras pessoas. E, se você quer atrair gente confiável, tem que se tornar uma pessoa melhor. Se esse é seu desejo, deixe os resultados com Deus.

21 minutos de poder na vida de um líder

Conte com o caráter

De nada vale a riqueza no dia da ira divina,
mas a retidão livra da morte.

Provérbios 11:4

A crise não faz necessariamente o caráter, mas com certeza o revela. A adversidade oferece dois caminhos: o caráter ou a concessão. Quando os líderes escolhem o caminho do caráter, tornam-se mais fortes mesmo que esta escolha traga conseqüências negativas. O desenvolvimento do caráter está no centro de nosso progresso, não só como líderes, mas também como seres humanos.

- O que toda pessoa deve saber sobre caráter?
- Caráter é mais do que palavras.
- Talento é um dom, mas caráter é uma escolha.
- O caráter traz sucesso eterno às pessoas.
- Os líderes não podem ultrapassar as limitações de seu caráter.

21 minutos de poder na vida de um líder

Não valorize o talento mais do que o caráter. O inimigo marcou líderes para o ataque, e numerosos líderes nas áreas religiosas, políticas e de negócios caíram moralmente. Os líderes precisam lembrar que sua influência é grande; eles nunca caem em um vácuo. Devemos tomar cuidado para não enfatizar mais os talentos de um líder que seu caráter. Temos uma tendência pouco sadia de enxergar e recompensar o talento mais que o caráter, mas ambos devem ser desenvolvidos. Temos que equilibrar a seguinte balança se queremos terminar bem: Dom depositado = Caráter construído.

Bíblia da liderança cristã

Guarde seus pensamentos

Ele lhe diz: "Coma e beba!", mas não fala com sinceridade... Não vale a pena conversar com o tolo, pois ele despreza a sabedoria do que você fala... Dedique à disciplina o seu coração, e os seus ouvidos às palavras que dão conhecimento... Não inveje os pecadores em seu coração; melhor será que tema sempre o SENHOR. Se agir assim, certamente haverá bom futuro para você, e a sua esperança não falhará. Ouça, meu filho, e seja sábio; guie o seu coração pelo bom caminho.

Provérbios 23:7, 9, 12, 17-19

Líderes entendem a importância de sua mente para o futuro de suas organizações. Considere alguns destes princípios atemporais oferecidos em Provérbios 23 sobre nossa mente e uma visão de Deus para o amanhã.

- Seus pensamentos determinam seu caráter.
- Não desperdice seus pensamentos com aqueles que não têm a sede de conhecê-los.
- A primeira pessoa que você lidera é você e o primeiro órgão que você domina é sua mente.
- Não deixe sua mente se afastar da verdade de Deus e encaminhar-se para a inveja.
- Tenha certeza de que sua visão vai acontecer.
- Discipline seus pensamentos para permanecerem no que você acha que é certo.

Bíblia da liderança cristã

Esta semana: Considere a evidência de seu caráter. Em que o seu caráter é forte? Em que é fraco? Observe como você responde em situações de revelação e construção de caráter esta semana.

A PROMESSA DE DEUS AOS LÍDERES

Pois o SENHOR é quem dá sabedoria; de sua boca procedem o conhecimento e o discernimento. Ele reserva a sensatez para o justo; como um escudo protege quem anda com integridade, pois guarda a vereda do justo e protege o caminho de seus fiéis. Então você entenderá o que é justo, direito e certo, e aprenderá os caminhos do bem.

Provérbios 2:6-9

A PROMESSA DE UM LÍDER À EQUIPE

Como eu guio o curso para o nosso time, sou guiado pela verdadeira Estrela do Norte — o Senhor — e estou avaliando sua jornada de acordo com a sabedoria divina.

SEMANA 14

PLANEJE O CURSO

Ao homem pertencem os planos do coração, mas do SENHOR vem a resposta da língua. Todos os caminhos do homem lhe parecem puros, mas o SENHOR avalia o espírito. Consagre ao SENHOR tudo o que você faz, e os seus planos serão bem-sucedidos.

PROVÉRBIOS 16:1-3

Líderes eficazes praticam a Lei da Navegação, a qual diz que todos podem conduzir o navio, mas o líder define o trajeto. Os versos em Provérbios 16 lembram os líderes a:

- Observarem a fonte de sua sabedoria.
- Observar seus motivos.
- Observar o resultado que desejam.

Considere cinco palavras-chave para entender como Deus ajuda líderes a se conduzirem pela vida:

Processo. O que Deus revela progressivamente?

Propósito. Por que você foi criado?

Potencial. Deus usará seus dons e paixão. Esta meta se encaixa com quem você é?

Priorizar. Deus lhe pedirá para ajustar seu tempo e energia. Que passos você deve tomar?

Procedimento. Deus eventualmente irá lhe pedir para agir. Quando você deve começar?

Bíblia da liderança cristã

Como um bom líder, Moisés metodicamente organizou os campos tribais no deserto (Números 2:34). Nós faríamos bem em planejar e organizar como ele fez.

- Dê-se tempo para planejar e organizar. Determine seu propósito primário.
- Entenda onde você está antes de tentar desenvolver uma estratégia.
- Priorize as necessidades e metas da equipe fazendo as perguntas certas.
- Escreva metas realistas, mensuráveis e convincentes.
- Seja claro com as metas e comunique-se com seu time.
- Identifique obstáculos possíveis. Tenha um sistema de método aberto ao seu planejamento.
- Planeje seu custo e tempo programando tudo o que puder e determinando detalhes.
- Estude os resultados. Avaliação previne estagnação e exagero.

Lembre-se: todos podem conduzir o navio, mas é preciso um líder para planejar o curso.

Bíblia da liderança cristã

Navegadores fazem mais do que guiar. Eles planejam a viagem inteira em sua mente antes de deixar a doca. Eles têm uma visão para seu destino, entendem o que é preciso para se chegar lá, sabem do que precisam em um time para dar certo e reconhecem os obstáculos muito antes que apareçam no horizonte. Líderes que se preparam bem podem levar seu pessoal para qualquer lugar.

As 21 irrefutáveis leis da liderança

Conduzindo sua equipe na direção certa

Você se lembra de quando tirou a carteira de motorista? Só dar uma volta de carro já era algo legal. Não importava aonde ia. Mas, conforme você foi envelhecendo, ter um destino se tornou mais importante. A mesma coisa acontece com uma equipe.

Montar e conduzir a equipe é uma conquista, mas aonde você vai é o que importa. A parte mais difícil é desenvolver e fortalecer o grupo. Para isso, entre outras atitudes, você deve:

- Promover mudanças para melhor.
- Fazer com que comprem sua idéia.
- Comunicar comprometimento.
- Desenvolver e equipar os membros para o sucesso.

Os dois estágios mais difíceis na vida de uma equipe são quando você está tentando criar movimentos em uma equipe que não vai a lugar nenhum e quando você deve se tornar um agente de mudanças. É quando mais se requer liderança.

As 17 incontestáveis leis do trabalho em equipe

Esta semana: Considere a jornada de sua equipe. Há movimento na direção certa? Alguém sabe o destino? Está todo mundo ciente dos desafios ao longo do dia? O moral dos membros de sua equipe é um indicador do quão preparado eles estão para a jornada? Você é um bom navegador?

A PROMESSA DE DEUS AOS LÍDERES

Há muito tempo Deus falou muitas vezes e de várias maneiras aos nossos antepassados por meio dos profetas, mas nestes últimos dias falou-nos por meio do Filho, a quem constituiu herdeiro de todas as coisas e por meio de quem fez o universo.

Hebreus 1:1,2

A PROMESSA DE UM LÍDER À EQUIPE

A compreensão mútua é importante. Serei o mais claro, consistente e cortês possível ao comunicar minhas expectativas, intenções, preocupações e elogios.

SEMANA 15

COMUNIQUE BEM PARA LIDERAR

Quando Jesus acabou de dizer essas coisas, as multidões estavam maravilhadas com o seu ensino, porque ele as ensinava como quem tem autoridade, e não como os mestres da lei.

MATEUS 7:28,29

John W. Gardner observou: "Se eu tivesse que nomear um único instrumento de liderança, seria a comunicação." Sem comunicação não pode haver liderança efetiva. Observe a seguir os três padrões que você deve adotar para se comunicar com sua equipe.

Seja consistente. Nada frustra mais os membros de nossa equipe do que líderes que não se decidem.

Seja claro. Sua equipe não pode executar suas instruções se não entenderam o que é para ser feito. Não tente impressionar ninguém com sua inteligência, mas sim com sua simplicidade direta.

Seja cortês. Todo mundo merece respeito, não importa qual sua posição ou que tipo de relação tem com o líder. Quando é cortês com seu pessoal, você dá o exemplo a toda a organização.

Nunca esqueça que, como um líder, sua comunicação dá o tom para a interação entre as pessoas.

As 17 incontestáveis leis do trabalho em equipe

Torne a comunicação clara

O sucesso no casamento, no trabalho e nos relacionamentos pessoais depende muito da comunicação.

Você pode ser um comunicador mais eficiente se seguir quatro verdades básicas.

Simplifique sua mensagem. Nada de impressionar as pessoas com palavras difíceis e frases complexas. Se você deseja alcançá-las, torne sua mensagem simples.

Observe as pessoas. Quando precisar se comunicar com as pessoas, seja individualmente ou em grupo, faça as seguintes perguntas a si mesmo: Qual é meu público? Quais são suas dúvidas? O que precisa ser realizado?

Apresente a verdade. A credibilidade precede os grandes comunicadores. Acredite no que você diz. Depois, viva o que você diz. Não existe maior demonstração de credibilidade do que a convicção em ação.

Busque reações. Nunca se esqueça de que o objetivo da comunicação é a ação. Toda vez que falar às pessoas, dê-lhes algo para sentir, para lembrar e para fazer.

As 21 indispensáveis qualidades de um líder

Dê-se, e não apenas a sua opinião. Observe como comunicadores se diferenciam de oradores públicos.

Orador público	Comunicador
1. Procura ser entendido e querido.	1. Procura entender e conectar.
2. Pergunta: O que eu tenho?	2. Pergunta: Do que eles precisam?
3. Foca na técnica.	3. Foca na atmosfera.
4. Preocupa-se consigo.	4. Preocupa-se com o público.
5. Quer completar a fala.	5. Quer completar as pessoas.
6. É voltado para o conteúdo.	6. É voltado para mudanças.

Bíblia da liderança cristã

Líderes tocam o coração antes de pedir uma mão

Um líder não pode se conectar com pessoas apenas quando se comunica entre grupos; deve se conectar com indivíduos. Quanto mais fortalecer a relação e conexão entre indivíduos, mais ajuda obterá dos liderados. Líderes de sucesso sempre iniciam; eles dão o primeiro passo e se esforçam para continuar construindo relacionamentos.

Conectar-se com as pessoas não é complicado, mas toma algum esforço. Observe as verdades sobre a conexão que Roboão, filho de Davi, ignorou (1Reis 12:16):

- Seu pessoal está mais disposto a tomar uma ação quando é movido com emoção.
- Quando você dá primeiro, sua equipe retorna.
- Quando você se conecta com indivíduos, você ganha a atenção das multidões.
- Quando você alcança o seu pessoal, eles vão em direção a você.
- Quer você tenha acabado de pegar uma posição de liderança ou esteja bem estabelecido, você deve se conectar com as pessoas se você quer vencer.

Bíblia da liderança cristã

Esta semana: Considere o fluxo de sua comunicação entre os membros de sua equipe. Onde a informação flui clara e rápida? Onde a informação fica confusa? Como comunicador chefe, você se conecta bem com a sua equipe?

A PROMESSA DE DEUS AOS LÍDERES

Então Jesus disse aos seus discípulos: "Se alguém quiser acompanhar-me, negue-se a si mesmo, tome a sua cruz e siga-me... Pois o Filho do homem virá na glória de seu Pai, com os seus anjos, e então recompensará a cada um de acordo com o que tenha feito."

Mateus 16:24, 27

A PROMESSA DE UM LÍDER À EQUIPE

Considerei o custo desta empreitada e me comprometo a segui-la, porque acredito que veremos os resultados.

SEMANA 16

O CUSTO DO COMPROMETIMENTO

Foi isso que Ezequias fez em todo o reino de Judá. Ele fez o que era bom e certo, e em tudo foi fiel diante do SENHOR, do seu Deus. Em tudo o que ele empreendeu no serviço do templo de Deus e na obediência à lei e aos mandamentos, ele buscou o seu Deus e trabalhou de todo o coração; e por isso prosperou.

2 Crônicas 31:20,21

A Bíblia descreve o Rei Ezequias como um líder que "fez o que era bom e certo, e em tudo foi fiel diante do SENHOR, do seu Deus. Em tudo o que ele empreendeu... trabalhou de todo o coração". Ezequias pagou o preço para fazer o trabalho. Mas qual é o preço do compromisso?

1. *Mudança de estilo de vida.* Ezequias não podia viver da maneira que seu pai vivia.
2. *Solidão.* Só Ezequias obedecia a Deus primeiro.
3. *Fé em Deus.* Ezequias acreditava que Deus abençoaria seus esforços.
4. *Críticas.* Ezequias resistiu às duras questões de uma geração mais velha.
5. *Trabalho duro e dinheiro.* O rei abriu mão de dinheiro, energia e de seu orçamento para atingir seus objetivos.
6. *Disciplina diária.* Ezequias tinha que estabelecer um regime diário para executar reformas.
7. *Pressão constante.* O rei sobreviveu à pressão de potenciais fracassos e mal-entendidos.

Bíblia da liderança cristã

Cuidado com o que você promete

Não seja precipitado de lábios, nem apressado de coração para fazer promessas diante de Deus. Deus está nos céus, e você está na terra, por isso, fale pouco... Quando você fizer um voto, cumpra-o sem demora, pois os tolos desagradam a Deus... Não permita que a sua boca o faça pecar. E não diga ao mensageiro de Deus: "O meu voto foi um engano". Por que irritar a Deus com o que você diz e deixá-lo destruir o que você realizou? Em meio a tantos sonhos absurdos e conversas inúteis, tenha temor de Deus.

Eclesiastes 5:2, 4, 6,7

Você faz promessas a Deus? A Escritura aconselha cautela quando nos comprometermos com alguma coisa com Deus — bom conselho para qualquer decisão que um líder deva tomar. Salomão descreve três grandes armadilhas à espera dos líderes descuidados:

- *Fala apressada.* Líderes devem ouvir tanto quanto falam.
- *Promessas vazias.* Líderes tendem a dizer o que os outros querem ouvir. Não prometa o que você não pode cumprir.
- *Desculpas tolas.* Líderes diminuem sua influência quando tentam corrigir um erro com uma desculpa tola.

Bíblia da liderança cristã

Exija comprometimento. Não equipe pessoas que estejam apenas "interessadas". Equipe os comprometidos. Sem comprometimento, não pode haver sucesso. Para determinar se seu pessoal está comprometido, verifique se eles sabem o que isso vai lhes custar. Se não se comprometerem, não continue a equipá-los. Não perca seu tempo.

Developing the Leaders Around You [Desenvolvendo os líderes à sua volta]

O teste do comprometimento

Jesus perguntou aos Doze: "Vocês também não querem ir?"
Simão Pedro lhe respondeu: "Senhor, para quem iremos?
Tu tens as palavras de vida eterna."

João 6:67,68

Costumamos associar comprometimento com emoções. Se nos sentimos da maneira certa, achamos que podemos seguir com nossos comprometimentos. Mas o comprometimento de verdade não funciona assim. Não é uma emoção; é uma qualidade do caráter que nos permite alcançar nossos objetivos. As emoções humanas sobem e descem o tempo todo, mas o comprometimento deve ser sólido como uma rocha.

Há pontos que todo líder deve observar sobre o comprometimento:

1. Normalmente é descoberto durante uma adversidade.
2. Não depende de dons ou habilidades.
3. Vem como resultado de uma escolha, não de condições.
4. Dura quando é baseado em valores.

The 17 Essential Qualities of a Team Player
[As 17 qualidades essenciais de um jogador de equipe]

Esta semana: Reveja os compromissos que estão pressionando você. Você se preparou antes de aceitar os compromissos? Você realmente sabia em que estava se metendo? Que novos compromissos atualmente esperam sua resposta? Quem na sua equipe é consistentemente bom em aceitar e seguir compromissos? Quem desaponta você? Você já desapontou sua equipe?

A PROMESSA DE DEUS AOS LÍDERES

Quando vier o Conselheiro, que eu enviarei a vocês da parte do Pai, o Espírito da verdade que provém do Pai, ele testemunhará a meu respeito. E vocês também testemunharão, pois estão comigo desde o princípio.

João 15:26,27

A PROMESSA DE UM LÍDER À EQUIPE

Eu buscarei a Deus e bons conselhos dos outros enquanto lidero.

SEMANA 17

CRIE UM CÍRCULO FORTE

Estes foram os chefes dos principais guerreiros de Davi, que junto com todo o Israel, deram um grande apoio para estender o seu reinado a todo o país, conforme o SENHOR havia prometido.

1 Crônicas 11:10

Não existem líderes solitários. Se você está sozinho, não está liderando ninguém. Examine o modo como o rei Davi juntou as pessoas centrais que o fizeram grande:

1. Ele construiu um círculo forte antes de precisar dele. Davi começou a construir sua equipe muito antes de ser coroado.

2. Ele atraiu pessoas com dons variados. Lemos sobre guerreiros experientes com uma variedade de habilidades, muitos homens de valor, e centenas de capitães. Com a ajuda desses homens, Davi se sentia pronto para qualquer coisa.

3. Ele engendrava lealdade. Os seguidores de Davi demonstraram uma lealdade incrível a ele ao longo de suas vidas. Os mais próximos pareciam dispostos a arriscar suas vidas por ele.

4. Ele delegava responsabilidade com base na habilidade. Continuamente dava autoridade aos outros. Designou Jacó como comandante do exército, e se sentia igualmente seguro ao dar aos outros autoridade civil.

Bíblia da liderança cristã

Aqueles mais próximos de você...

Alguns dos primeiros seguidores de Davi eram desajustados, e no entanto ele transformou seus apoiadores desordeiros em um time vencedor (1 Samuel 22:1-4). Enquanto ganhava experiência e crescia em sua liderança, Davi continuava a atrair pessoas cada vez mais fortes. Tornou seu círculo grande, e seu círculo o fez grande.

21 minutos de poder na vida de um líder

Nenhum líder vence sozinho. Até mesmo Davi precisou de seu Jônatas (1 Samuel 19:2,3). Você tem alguém que "fortalece sua mão em Deus"? Todos os líderes precisam de amigos leais que possam ajudar a perseverar.

Escolha seu círculo cuidadosamente. Roboão tinha o benefício do sábio círculo de seu pai, mas o jovem e tolo rei, em vez disso, buscou conselhos que concordavam com sua própria opinião (2 Crônicas 10:8). Péssima jogada! Ele deveria ter optado por uma equipe central com as qualidades de um sólido círculo:

1. *Experiência.* Pessoas que já passaram pela estrada da vida e a entendem.
2. *Coração em Deus.* Pessoas que põem Deus em primeiro lugar e defendem seus valores.
3. *Objetividade.* Pessoas que vêem os prós e contras das questões.
4. *Amor pelas pessoas.* Pessoas que amam os outros e os valorizam mais do que a coisas.
5. *Dons complementares.* Pessoas que trazem dons diversos ao relacionamento.
6. *Lealdade ao líder.* Pessoas que realmente amam e se preocupam com o líder.

Bíblia da liderança cristã

Seja o primeiro a seguir

seus bons conselhos

Meu filho, dê atenção à minha sabedoria, incline os ouvidos para perceber o meu discernimento. Assim você manterá o bom senso, e os seus lábios guardarão o conhecimento. Pois os lábios da mulher imoral destilam mel; sua voz é mais suave que o azeite... Fique longe dessa mulher; não se aproxime da porta de sua casa, para que você não entregue aos outros o seu vigor nem a sua vida a algum homem cruel.

Provérbios 5:1-3;8,9

Não demora muito para um líder perceber que é mais fácil dar bons conselhos do que segui-los. Salomão prova isso. Ele nos diz repetidamente e com grande convicção que só os tolos caem em adultério. E no entanto, de alguma forma, esse mesmo líder não conseguiu seguir o aviso explícito de Deus contra reis tomando esposas demais (Deuteronômio 17:17). Salomão espalhafatosamente desobedeceu a essa ordem e se casou com setecentas mulheres. O resultado? "Suas mulheres o induziram a voltar-se para outros deuses, e o seu coração já não era totalmente dedicado ao SENHOR, o seu Deus" (1 Reis 11:4).

Líderes sábios não apenas dão bons conselhos; eles os ouvem. Como poderia ter sido diferente o destino de Israel se Salomão tivesse agido com a sabedoria que ele demonstrava com suas palavras!

Bíblia da liderança cristã

Esta semana: Considere quem está em seu círculo. Eles compartilham sua visão? Eles têm dons complementares, úteis, quando você mais precisa deles?

A PROMESSA DE DEUS AOS LÍDERES

Então, Jesus aproximou-se deles e disse: "Foi-me dada toda a autoridade nos céus e na Terra. Portanto, vão e façam discípulos de todas as nações, batizando-os em nome do Pai e do Filho e do Espírito Santo, ensinando-os a obedecer a tudo o que eu lhes ordenei. E eu estarei sempre com vocês, até o fim dos tempos."

Mateus 18:18-20

A PROMESSA DE UM LÍDER À EQUIPE

Eu confio em vocês. Preciso de vocês. Eu os ajudarei a crescer e lhes delegarei mais responsabilidades quando verificar que possuem os recursos para desempenharem suas tarefas com excelência.

SEMANA 18

DELEGUE À EQUIPE

Disse ele [Abraão] ao servo mais velho de sua casa...
"irá à minha terra e buscará entre os meus
parentes uma mulher para meu filho Isaque".

GÊNESIS 24:2,4

A delegação é a ferramenta mais poderosa de que os líderes dispõem. A delegação aumenta a produtividade individual de acordo com o número de pessoas a quem os líderes podem delegar. Aumenta a produtividade de seu departamento ou organização. Líderes que não podem ou se recusam a delegar criam um engarrafamento na produtividade. Então por que alguns líderes não conseguem delegar com eficácia?

1. Insegurança
2. Falta de confiança nos outros
3. Falta de habilidade para treinar os outros
4. Satisfação pessoal com a tarefa
5. Hábito
6. Inabilidade de encontrar outra pessoa para fazê-lo
7. Falta de tempo
8. Mentalidade "eu faço melhor"

Se você se reconhece em alguma das questões acima, não deve estar delegando o suficiente. Aqui estão alguns outros indicadores que você precisa delegar: quando os prazos são perdidos várias vezes; crises se tornam freqüentes; outros poderiam fazer o trabalho; ou aqueles sob sua liderança precisam de outro mundo para conquistar.

Developing the Leaders Around You [Desenvolvendo os líderes à sua volta]

Decida delegar

Um dos erros mais comuns que um treinador pode cometer é avaliar mal o nível de um jogador. Se um líder não trabalha com cada jogador de acordo com o nível de seu desenvolvimento, o jogador não vai produzir, vencer e se desenvolver. De acordo com o consultor de gerenciamento Ken Blanchard, todos os membros do time se encaixam em uma de quatro categorias no que diz respeito ao tipo de liderança de que precisam:

Jogadores que precisam de direção. Esses jogadores não sabem o que fazer ou como fazê-lo. Você precisa instruí-los em todas as etapas.

Jogadores que precisam de instruções. Jogadores que conseguem fazer mais do trabalho sozinhos se tornarão mais independentes, mas ainda contam com você para orientações e feedback.

Jogadores que precisam de apoio. Jogadores aptos a trabalhar sem suas direções ainda podem precisar de recursos e encorajamento.

Jogadores a quem você delega. Quando esses jogadores recebem uma tarefa, você pode confiar que será feita. Eles só precisam que você lidere. Forneça-lhes visão na frente e responsabilidade na retaguarda, e eles multiplicarão seus esforços para o sucesso.

Developing the Leaders Around You
[Desenvolvendo os líderes à sua volta]

É necessária uma equipe. A resposta de Deus ao grito de socorro de Moisés foi que Moisés compartilhasse as responsabilidades da liderança com um grupo seleto (Números 11:14). Quando um líder chamado por Deus tem um fardo que se torna pesado demais, Deus fornece ajuda... se o líder pedir. Ele também os ungirá com seu poder, assim como o fez com os setenta anciãos de Israel.

Bíblia da liderança cristã

Divida o fardo

Mas escolha dentre todo o povo homens capazes... Eles estarão sempre à disposição do povo para julgar as questões. Trarão a você apenas as questões difíceis; as mais simples decidirão sozinhos. Isso tornará mais leve o seu fardo, porque eles o dividirão com você.

Êxodo 18:21,22

Amaciar as pessoas para a delegação é importante. Você não pode simplesmente despejar tarefas em cima delas. Delegue de acordo com os seguintes passos:

1. Peça-lhes para encontrarem os fatos apenas. Isso lhes dá uma chance de se familiarizarem com as questões e os objetivos.
2. Peça que dêem sugestões. Elas refletirão sobre o assunto e você se familiarizará com seus processos de pensamento.
3. Peça que implementem uma das recomendações deles, mas só depois que você aprovar. Prepare-os para o sucesso, não para o fracasso.
4. Peça que ajam sozinhos, mas que reportem os resultados imediatamente. Isso lhes dará confiança, e você ainda poderá fazer um controle de danos se necessário.
5. Dê autoridade total. Era para isso que você estava trabalhando.

Developing the Leaders Around You
[Desenvolvendo os líderes à sua volta]

Esta semana: Considere algumas tarefas específicas que você e/ou sua equipe deve fazer. Para cada tarefa, a pessoa responsável é alguém que precisa de direção, instruções, apoio ou delegação?

A PROMESSA DE DEUS AOS LÍDERES

Afinal de contas, quem é Apolo? Quem é Paulo?
Apenas servos por meio dos quais vocês vieram a crer,
conforme o ministério que o Senhor atribuiu a cada um.
Eu plantei, Apolo regou, mas Deus é quem fez crescer...
O que planta e o que rega têm um só propósito, e cada um
será recompensado de acordo com o seu próprio trabalho.

1 Coríntios 3-5, 8

A PROMESSA DE UM LÍDER À EQUIPE

Eu não posso cumprir nossa missão sozinho. Eu quero dar poder a vocês. Eu os convido a compartilhar o seu desejo de crescer, para que possamos fazer acontecer juntos.

SEMANA 19

DÊ PODER AO SEU PESSOAL

Eu quero dividir um segredo com vocês. É o maior princípio que já aprendi na área de desenvolvimento pessoal. Aqui vai: NUNCA TRABALHE SOZINHO. Eu sei que parece simples demais, mas é verdadeiramente o segredo. Sempre que você fizer qualquer coisa que você queira passar aos outros, leve alguém com você.

Não se trata necessariamente de uma prática natural para muitos de nós. O modelo mais comum de aprendizado nos Estados Unidos é quando um líder faz perguntas ou dá palestras enquanto o seguidor escuta e tenta compreender as idéias do instrutor. Mas artesãos usam um modelo diferente para desenvolver os outros. Eles levam aprendizes que trabalham a seu lado até dominarem sua arte e poderem passá-la a outros. O modelo é mais ou menos assim:

- Eu faço.
- Eu faço — e você assiste.
- Você faz — e eu assisto.
- Você faz.

Em todos os anos em que venho equipando e desenvolvendo pessoas, nunca encontrei um modo melhor do que esse.

Your Road Map for Success [Seu mapa para o sucesso]

Avalie, depois dê poder

Se alguém deseja ser bispo, deseja uma nobre função.

I Timóteo 3:1

A maneira de começar a dar poder às pessoas é avaliá-las. Mas, atenção: dar autoridade demais, cedo demais, a membros inexperientes é preparar seu fracasso. Já com os experientes, se você for devagar demais, pode frustrá-los e desmotivá-los.

Lembre-se: todo mundo tem o potencial para vencer. Seu trabalho é enxergar esse potencial, descobrir o que falta a essa pessoa e equipá-la com o necessário. Ao avaliar as pessoas a quem você quer dar poder, observe primeiro três áreas:

1. *Conhecimento.* Pense no que as pessoas precisam saber para cumprir as tarefas que você pretenda lhes dar.
2. *Habilidade.* Nada é mais frustrante do que ser solicitado a fazer coisas para as quais você não tem nenhuma habilidade.
3. *Desejo.* Não há habilidade, conhecimento ou potencial que ajude alguém a vencer se não houver o desejo de ser bem-sucedido.

Becoming a Person of Influence [Tornando-se uma pessoa influente]

Invista para dar poder. Para ser um líder que dá poder, você deve fazer mais do que acreditar em líderes emergentes. Você precisa ajudá-los a desenvolver seu potencial de liderança. Dar poder às pessoas requer um investimento pessoal, tempo e energia, mas vale a pena o preço. Além disso, quando dá poder aos outros, você cria poder em sua organização.

Bíblia da liderança cristã

O poder para mudar o mundo

Todo o treinamento do mundo terá apenas um retorno limitado se você não deixar as pessoas livres para a execução do trabalho, com responsabilidade, autoridade e recursos.

A responsabilidade pode parecer a mais fácil de legar, mas alguns líderes acham difícil não tomá-la de volta. Gerentes fracos querem controlar cada detalhe das tarefas de seu pessoal. Quando isso acontece, os líderes potenciais se frustram e não se desenvolvem. Em vez de desejar mais responsabilidade, tornam-se indiferentes ou evitam qualquer tipo de responsabilidade.

Com a responsabilidade deve vir autoridade. Winston Churchill afirmou: "Eu sou seu servo. Vocês têm o direito de me dispensar se quiserem. O que vocês não têm o direito de fazer é me pedir para ter responsabilidade sem o poder de ação."

Uma vez transmitidas, a responsabilidade e a autoridade se tornam poder de ação. Cabe-nos verificar a correção dessas ações.

Recursos são necessários para cumprir responsabilidades. Isso inclui muito mais do que simplesmente equipamentos. Inclui treinamento e desenvolvimento pessoal. Esteja disposto a gastar dinheiro com livros, fitas, conferências e coisas do tipo. Seja criativo ao fornecer ferramentas. Isso promoverá o desempenho de seus liderados e os equipará para um bom trabalho.

Developing the Leaders Around You
[Desenvolvendo os líderes à sua volta]

Esta semana: Reflita na sua própria jornada. Quem lhe deu poder? Como você pode dar mais poder à sua equipe?

A PROMESSA DE DEUS AOS LÍDERES

Sejam fortes e corajosos, todos vocês que esperam no SENHOR!

Salmo 31:24

A PROMESSA DE UM LÍDER À EQUIPE

Serei um expansionista. Encorajarei as melhores qualidades em indivíduos e na equipe como um todo.

SEMANA 20

EXPANDA SEU PESSOAL

O coração do rei é como um rio controlado pelo SENHOR; ele o dirige para onde quer.

PROVÉRBIOS 21:1

Com boa liderança, tudo melhora. Líderes elevam. Forçam o pensar de seus colegas para além das fronteiras da criatividade. Incrementam o desempenho alheio. Melhoram a confiança das pessoas em si mesmas e nos outros. Enquanto os gerentes mantêm a excelência da equipe, líderes conseguem elevá-la a um nível mais alto do que ela jamais atingiu. A chave para isso é trabalhar com pessoas e trazer à tona o melhor que há nelas. Por exemplo:

- Líderes reconhecem que o trabalho pertence a quem o executa.
- Líderes criam um ambiente onde cada membro da equipe quer ser responsável.
- Líderes ajudam no desenvolvimento de capacidades pessoais.
- Líderes aprendem rápido e também incentivam os outros a aprenderem de modo eficiente.

Se você quiser elevar a equipe, lidere-a melhor.

As 17 incontestáveis leis do trabalho em equipe

Devolva-os a si próprios

Membros de uma equipe sempre apreciam e admiram aqueles que os encorajam a seguir adiante, dando-lhes poder para vencer. Jogadores que expandem seus colegas têm muito em comum.

1. Expansionistas valorizam seus colegas. O desempenho do outro geralmente reflete as expectativas daqueles que eles respeitam.

2. Expansionistas conhecem e se identificam com o que seus colegas valorizam. Jogadores que expandem outros entendem o que seus colegas valorizam. Esse tipo de conhecimento, além de um desejo de se identificar com seus colegas, cria uma ligação forte entre membros de equipe.

3. Expansionistas agregam valor a seus colegas. Um expansionista procura dons, talentos e qualidades únicas nos outros, ajudando-os a aumentar essas habilidades para seu benefício e o da equipe inteira.

4. Expansionistas se tornam mais valiosos. Você não pode dar o que não tem. Se quer aumentar a habilidade de um colega de equipe, torne-se melhor você mesmo.

The 17 Essential Qualities of a Team Player
[As 17 qualidades essenciais de um jogador de equipe]

Quando as pessoas são estimadas, os relacionamentos são redimidos. Líderes sabem que as pessoas são o bem mais precioso de uma organização; assim, as habilidades pessoais são o atributo mais importante de um líder. Provérbios 27 apresenta alguns fundamentos sobre relacionamentos.

1. Não se gabe.
2. Não inveje.
3. Seja direto.
4. Não abandone suas raízes.
5. Fique por perto.
6. Agregue valor.
7. Não seja movido pela lisonja.

Bíblia da liderança cristã

Abençoado para o sucesso

E abençoou a José, dizendo: "...o Anjo que me redimiu de todo o mal, abençoe estes meninos. Sejam eles chamados pelo meu nome e pelos nomes de meus pais Abraão e Isaque, e cresçam muito na terra."

Gênesis 48:15,16

Nem todo mundo que você influenciar pensará da mesma forma que você. Você tem que ajudar seus liderados não só a acreditar que podem vencer, mas também que você quer que eles vençam. Como?

Espere. As pessoas podem sentir sua atitude independentemente do que você disser ou fizer. Se você tem expectativa de que seu pessoal vença, eles saberão.

Verbalize. As pessoas precisam ouvir que você acredita nelas e quer que elas vençam. Torne-se um profeta positivo do sucesso delas.

Reforce. Acreditar nas pessoas nunca é demais.

Depois que reconhecem e entendem que você genuinamente quer vê-los vencer e está comprometido em ajudá-los, seus liderados começarão a acreditar que podem executar as atribuições que você lhes transmite.

Becoming a Person of Influence [Tornando-se uma pessoa influente]

Esta semana: Faça questão de expandir todo mundo na sua equipe. Note como eles reagem — tanto imediatamente quanto nas horas e dias que se sucedem. Como você pode expandir as pessoas mais conscientemente?

A PROMESSA DE DEUS AOS LÍDERES

Sabemos que Deus age em todas as coisas para o bem daqueles que o amam, dos que foram chamados de acordo com o seu propósito.

Romanos 8:28

A PROMESSA DE UM LÍDER À EQUIPE

Quando eu falhar, aceitarei a responsabilidade, aprenderei com meus erros e retornarei ao jogo.

SEMANA 21

APRENDA COM SEUS ERROS

Tem misericórdia de mim, ó Deus, por teu amor; por tua grande compaixão apaga as minhas transgressões. Lava-me de toda a minha culpa e purifica-me do meu pecado. Pois eu mesmo reconheço as minhas transgressões, e o meu pecado sempre me persegue... Cria em mim um coração puro, ó Deus, e renova dentro de mim um espírito estável.

SALMO 51:1-3,10

Erros fazem parte da vida. Líderes de sucesso reconhecem seus erros, aprendem com eles e depois trabalham para corrigi-los. Um estudo com 105 executivos determinou muitas características de executivos de sucesso, mas uma em particular que eles dividiam era de enorme valor. Era que eles admitiam seus erros e aceitavam as conseqüências em vez de tentar culpar os outros.

Muitos não querem assumir as conseqüências de suas atitudes. É um tipo de atitude muito comum. Um líder pronto a aceitar a responsabilidade por suas ações e ser honesto e "transparente" com seu pessoal é alguém que eles admirarão, respeitarão e em quem confiarão. O líder é também alguém com quem poderão aprender.

Developing the Leaders Around You
[Desenvolvendo os líderes à sua volta]

Aceite responsabilidade e volte ao jogo

Quando as coisas dão errado, a tendência natural é procurar alguém para culpar. É um procedimento tão antigo como o Jardim do Éden. Quando Deus perguntou a Adão o que havia feito, ele respondeu que foi culpa de Eva. Então, quando Deus questionou Eva, ela culpou a cobra. A mesma coisa acontece hoje.

Da próxima vez em que houver falhas, pense nas ações que as causaram, e não nas pessoas. Em uma verificação objetiva, há mais chances de acertar da próxima vez. Pergunte a si mesmo:

- Que lições eu aprendi?
- Como posso transformar o erro em sucesso?
- Onde eu acertei?

Quem culpa os outros por suas próprias falhas nunca as supera, mas prossegue de problema em problema. Para alcançar seu potencial, você deve se aprimorar cada vez mais, algo impossível sem o reconhecimento de suas responsabilidades e o aprendizado com seus erros.

Na vida, você terá problemas. Pretende desistir e ficar parado, remoendo os erros, ou pretende recomeçar o mais rápido possível?

Quando cair, levante-se e sacuda a poeira. Aprenda o que puder com seus erros e depois volte ao jogo. Faça como Henry Ford, que afirmou: “O erro é a oportunidade de começar de novo com inteligência.”

Your Road Map for Success
[Seu mapa para o sucesso]

Não se leve tão a sério

O coração bem disposto é remédio eficiente.

Provérbios 17:22

Trabalho com muitos líderes. E descobri que eles costumam se levar a sério demais. Claro que eles não estão sozinhos. Eu encontro pessoas de todos os tipos que têm muito pessimismo em sua atitude. Mas precisam relaxar. Não importa o quão sério o seu trabalho seja, não é motivo para se levar tão a sério.

Se alguém tem motivo para levar o emprego tão a sério é o presidente dos Estados Unidos. Porém, ainda é possível para algumas dessas pessoas manter o senso de humor e o ego controlado. Por exemplo, quando Calvin Coolidge foi perguntado se iria à Exposição Sesquicentenária da Filadélfia, o presidente respondeu: "Sim."

"Por que você está indo, Senhor Presidente?" — um repórter perguntou.

"Sou uma das amostras", respondeu o gordinho Coolidge.

Se você tende a se levar muito a sério, dê a você e a todos os outros um tempo. Reconheça que a risada constrói flexibilidade. Sorrir é a forma mais rápida de levantar e seguir caminho quando você foi derrubado.

Failing Forward [Aprendendo com os erros]

Esta semana: Pense em suas falhas mais recentes no trabalho e em casa. O que você aprendeu dessas experiências? Você se responsabilizou pela sua parte? Você culpa os outros excessivamente? Como pode recomeçar de forma mais inteligente? Você consegue rir de si mesmo?

A PROMESSA DE DEUS AOS LÍDERES

A minha dinastia está de bem com Deus. Ele fez uma aliança eterna comigo, firmada e garantida em todos os aspectos. Certamente me fará prosperar em tudo e me concederá tudo quanto eu desejo.

Samuel 23:5

A PROMESSA DE UM LÍDER À EQUIPE

Minha família vem antes e, como eu faço um bom trabalho liderando as pessoas que significam muito para mim, você pode confiar em mim para ter o mesmo cuidado liderando esta equipe.

SEMANA 22

A FAMÍLIA VEM EM PRIMEIRO LUGAR

Se alguém não cuida de seus parentes,
e especialmente dos de sua própria família,
negou a fé e é pior que um descrente.

I TIMÓTEO 5:8

Todos os dias pais e cônjuges abandonam a família pelo sucesso. É quase tão difícil como dirigir estrada abaixo, e eles vão muito longe até perceberem que deixaram sua família para trás. A tragédia é que muitos valorizam sua carreira, sucesso ou felicidade pessoal mais que a família. Quando se dão conta disso, decidem que dá muito trabalho voltar, então continuam seguindo.

Mas o que muitos acabam percebendo é que a esperança da felicidade às custas do fim da família é uma ilusão. Não podem desistir de seu casamento ou negligenciar suas crianças e ter sucesso verdadeiro.

Para construir uma família forte, você tem que fazer da sua casa um ambiente forte. O psicólogo William James afirmou: "Em cada pessoa, do berço ao túmulo, existe uma enorme vontade de ser apreciada." Quando nos sentimos apreciados, deixamos vir o melhor de nós. E se, além de trazer o melhor, essa apreciação é combinada com aceitação, amor e encorajamento, os laços entre membros de família crescem e o lar se torna um lugar seguro para todos.

Your Road Map for Success
[Seu mapa para o sucesso]

A liderança começa em casa

Como líder, onde sua influência deve começar? Uma boa influência pode ser verificada na vida de Josué. Para ele, conduzir sua família era mais importante do que conduzir seu país (Josué 24:15). Pode soar contraditório, mas, quando os líderes colocam sua família em primeiro lugar, a comunidade se beneficia. Quando os líderes colocam a comunidade em primeiro lugar, a família e a comunidade sofrem. Começar em casa é sempre uma forma positiva de afetar os outros. Como Josué tinha suas prioridades e tudo em sua casa estava em ordem, ele ganhou credibilidade para liderar todo o território de Israel.

Se você tem família, coloque-a em primeiro lugar em seus relacionamentos. Não há legado como o da influência positiva que os líderes podem exercer em sua família.

21 minutos de poder na vida de um líder

Conduza bem seus filhos. A falha de Eli com sua família acabou contribuindo para sua queda religiosa (1 Samuel 2:22-36). Ele perdeu sua credibilidade, seu trabalho e, finalmente, a própria vida. Perdeu tudo cometendo erros cruciais.

1. *Ênfase.* Eli enfatizava ensinar seus colegas e clientes, não sua família.

2. *Expectativas.* Eli achou que seus filhos "aprenderiam" só porque eles viviam na casa do Senhor.

3. *Exemplo.* Eli falhou em não ensinar em casa o que ele ensinava no trabalho.

4. *Complicações.* Eli se deixou cegar por ficar envolvido em demasia com sua profissão.

Bíblia da liderança cristã

A Liderança é mais exemplo do que poder

Liderar em casa não é exercer poder ou controle, mas sim desistir de você por alguém. Avalie a liderança de sua casa em cada uma das categorias:

Iniciativa. Eu dou comandos e me responsabilizo por meus relacionamentos iniciais?

Intimidade. Eu experimento intimidade com Deus e com outros por intermédio de conversas abertas?

Influência. Eu exercito influência bíblica encorajando e desenvolvendo outros?

Integridade. Eu levo uma vida honesta?

Identidade. Estou seguro de quem eu sou?

Círculo. Eu exibo o fruto do Espírito em minha vida, incluindo autodisciplina?

"Instrua a criança no caminho que deve seguir, e mesmo quando envelhecer não se desviará deles" (Provérbios 22:6). Deus chama os pais para conduzir suas crianças. Focar em três palavras-chaves pode ajudar:

Modelo. Um bom exemplo vale por mil sermões.

Gerenciamento. Um bom gerenciamento é a habilidade de distinguir a unicidade de uma criança e ensiná-la de acordo.

Memórias. O versículo diz: "quando envelhecer, não se desviará...". Isso implica que a criança tem memórias especiais de suas primeiras experiências.

Bíblia da liderança cristã

Esta semana: Avalie a liderança em casa. Você está dando o melhor para as pessoas que você ama? Está moldando sua família para fazer o que você quer também? Como eram os líderes quando você cresceu? Como este modelo de experiência afeta você hoje como líder?

A PROMESSA DE DEUS AOS LÍDERES

Conduz os humildes na justiça e lhes ensina o seu caminho. Todos os caminhos do SENHOR são amor e fidelidade para com os que cumprem os preceitos da sua aliança.

Salmo 25:9,10

A PROMESSA DE UM LÍDER À EQUIPE

Como eu lidero você, também estou buscando aprender e crescer como líder.

SEMANA 23

ENCONTRE UM MENTOR

Moisés disse ao SENHOR: "Que o SENHOR...
designe um homem como líder desta comunidade...
para que a comunidade do SENHOR não seja como
ovelhas sem pastor". Então o SENHOR disse a Moisés:
"Chame Josué, filho de Num, homem em quem está o Espírito".

NÚMEROS 27:15-18

Josué foi um líder admirável. Um dos maiores fatores do aumento da influência de Josué foi o impacto de Moisés em sua vida. Onde quer que Moisés fosse, Josué ia com ele, fosse no Monte Sinai ou para encontrar Deus no tabernáculo.

Depois que os hebreus se recusaram a entrar na Terra Prometida, o relacionamento de aprendizado entre os dois continuou. De fato, o processo continuou por quarenta anos e culminou com Moisés reconhecendo sua autoridade sobre o jovem homem. E, depois que Moisés morreu, ninguém questionou a liderança de Josué.

O Pastor A.W. Tozer afirmou: "Deus está procurando por pessoas através das quais ele pode fazer o impossível — uma pena que só planejamos coisas que fazemos por nós mesmos." O investimento de Moisés em Josué lançou o poder de Deus nele.

21 minutos de poder na vida de um líder

Escolhendo um modelo de liderança

Pense muito bem em quais líderes você vai seguir porque eles determinarão seu caminho como líder. Aqui estão seis questões para se considerar antes de escolher um modelo para seguir.

1. O meu modelo de vida merece ser seguido?
2. O meu modelo de vida já tem seguidores?
3. Qual é a maior força que influencia outros a seguirem meu modelo?
4. O meu modelo reproduz outros líderes?
5. O poder do meu modelo é reproduzido na minha vida?
6. Se o meu modelo é reproduzido em minha vida, que passos devo tomar para desenvolver e demonstrar forças?

Lembre-se: certamente estudar figuras nacionais ou históricas irão beneficiar você, mas não da forma que um mentor pode.

Seja um seguidor digno. Use estas orientações para fomentar um processo positivo de mentoria.

- Faça as perguntas certas, estratégicas para seu crescimento.
- Não deixe o ego atrapalhar o aprendizado.
- Respeite os mentores, mas não os idolatre.
- Dê efeito imediato ao que você está aprendendo.
- Seja disciplinado em relação aos mentores. Organize-se com tempo de sobra, selecione o assunto importante e faça seu trabalho de casa.
- Não ameace desistir. Deixe os mentores saberem que não estão desperdiçando o tempo deles.

Developing the Leaders Around You
[Desenvolvendo os líderes à sua volta]

Escolha bem seu mentor

Todos os líderes precisam de mentores, especialmente os líderes que estão em crescimento. Deus colocou Eliseu em preparação necessária aos cuidados de Elias. Observe vários princípios destacados em 1 Reis 19 e 2 Reis 2 sobre essa preparação:

A preparação de Eliseu	Princípio da Liderança
1. Ele foi escolhido para substituir Elias.	1. Líderes devem entender seu chamado no papel.
2. Eliseu tocou o manto de Elias muito antes de entrar no ministério.	2. Líderes devem esperar pacientemente na sincronia perfeita de Deus para sua autoridade.
3. Eliseu queimou suas ferramentas da fazenda.	3. Líderes devem desistir de ambições antigas.
4. Eliseu seguia Elias onde quer que ele fosse.	4. Líderes devem procurar bons mentores.
5. Eliseu absorveu tudo que podia de Elias.	5. Líderes devem ter fome de crescer e se desenvolver.

Bíblia da liderança cristã

Esta semana: Considere como Deus o ajuda. Quem e o que ele usa para o aumento de sua fé? Em liderança servil? O que você tem fome de aprender? Você pode pensar em outros líderes que podem ser bons mentores para você? Você pedirá a eles para ensiná-lo?

A PROMESSA DE DEUS AOS LÍDERES

O SENHOR firma os passos de um homem, quando a conduta deste o agrada; ainda que tropece, não cairá, pois o SENHOR o toma pela mão.

Salmo 37:23,24

A PROMESSA DE UM LÍDER À EQUIPE

Eu sei quem é meu líder e estou alerta ao seu chamado.

SEMANA 24

SIGA O LÍDER DEFINITIVO

Então disse Deus: "Façamos o homem à nossa imagem, conforme a nossa semelhança. Domine ele sobre os peixes do mar, sobre as aves do céu, sobre os grandes animais de toda a terra e sobre todos os pequenos animais que se movem rente ao chão."

GÊNESIS 1:26

Deus é o Líder Definitivo, e convida a todos os que crêem nele para liderar outros. Deus poderia ter concebido sua criação de várias formas, mas escolheu criar seres humanos que possuam espírito e capacidade de se relacionar com ele e o seguir, e no entanto não são forçados a fazê-lo.

Quando a humanidade caiu em pecado, Deus poderia ter executado um plano de redenção que não incluísse pessoas pecadoras, mas ele nos convidou a participar e liderar outros enquanto o seguimos. Deus deixou claro desde o início quando declarou: "Dominem" (Gênesis 1:28).

O chamado para a liderança é um modelo consistente na Bíblia. Quando Deus decidiu criar uma nação sua, ele não chamou as massas, mas sim um líder — Abraão. Quando quis libertar seu povo do Egito, não os guiou como um grupo, mas levantou um líder — Moisés. Para chegar à Terra Prometida, o povo seguiu um homem — Josué.

Sempre que desejou fazer algo especial, Deus chamou um líder para comandar cada trabalho, tanto grande quanto pequeno.

Bíblia da liderança cristã

O fogo de Deus

"Quem de nós pode conviver com o fogo consumidor? Quem de nós pode conviver com a chama eterna?" Aquele que anda corretamente e fala o que é reto, que recusa o lucro injusto, cuja mão não aceita suborno, que tapa os ouvidos para as tramas de assassinatos e fecha os olhos para não contemplar o mal.

Isaías 33:14,15

Isaías fez uma lista de traços de personalidade para os tipos de pessoas que conseguem ter controle em período de crise. Pondere sua descrição:

Integridade. As palavras e a vida dos líderes combinam.

Justiça. O líder rejeita ganhos desonestos.

Convicções. Os valores dos líderes não lhe permitirão aceitar suborno.

Foco positivo. O líder rejeita pensamentos destrutivos.

Pureza. O líder disciplina sua mente a permanecer limpa e pura.

Segurança. O líder é firme, estável em sua identidade e fonte de força.

Chamando todos os líderes! Quando o Senhor quis alguém para falar com as pessoas por ele, Isaías respondeu (Isaías 6) por causa de três fatores que ainda chamam líderes hoje.

Oportunidade. Vemos um lugar específico onde podemos fazer a diferença. Isto tem a ver com sincronia.

Habilidade. Reconhecemos que temos os dons dados por Deus para fazer alguma coisa sobre a necessidade. Isto tem a ver com competência.

Desejo. Queremos direcionar a necessidade; nossa fome que nos impulsiona. Isto tem a ver com paixão.

Bíblia da liderança cristã

Siga-me

Olhe para todas as fases da vida de Josué e você verá um homem que se deu por completo para executar toda e qualquer tarefa a que se designasse. Antes de tudo, ele obedeceu de imediato às instruções de Moisés (Êxodo 17:9,10).

A partir daí Josué assumiu o papel de assistente de Moisés. Josué mais uma vez mostrou obediência quando concordou em espionar a Terra Prometida. Depois de seu retorno da missão de reconhecimento, ele e Calebe, sozinhos entre os espiões, estavam prontos a obedecerem a Deus e entrarem em Canaã. Quarenta anos mais tarde, quando Moisés passou o comando para seu protegido, Josué mais uma vez obedeceu ao chamado (Josué 1:5-11).

No final, os israelitas seguiram o exemplo de Josué e fizeram o que Deus lhes pediu — e como resultado herdaram a terra que Deus havia prometido.

Quando morreu, Josué era simplesmente conhecido como "o servo de Deus" (Juízes 2:7,8). Isto é um grande elogio! Enquanto hoje consideramos Josué um líder excepcional, em nenhum lugar as escrituras o descrevem como um homem de extraordinário poder, intelecto ou talento. A obediência o fez extraordinário. E, quando você é um servo de Deus, é tudo de que realmente precisa.

Bíblia da liderança cristã

Esta semana: Considere seu chamado à liderança. Como você foi chamado? Você consegue ver a mão de Deus em sua preparação? Como você se refinou ao longo dos tempos? O seu chamado é o mesmo do início? Como isso mudou? Está mudando agora?

A PROMESSA DE DEUS AOS LÍDERES

Pois o Reino de Deus não é comida nem bebida,
mas justiça, paz e alegria no Espírito Santo; aquele que assim
serve a Cristo é agradável a Deus e aprovado pelos homens.

Romanos 14:17,18

A PROMESSA DE UM LÍDER À EQUIPE

Estou aqui para servir a esta equipe, então,
juntos, poderemos atingir nosso objetivo.

SEMANA 25

DOE-SE

Quem quiser tornar-se importante entre vocês deverá ser servo, e quem quiser ser o primeiro deverá ser escravo.

MATEUS 20:26,27

Como líder de equipe, como você cultiva uma atitude de altruísmo entre seu pessoal? Comece assim:

1. *Sendo generoso.* São Francisco de Assis afirmou: "Só tomar separa você dos outros; só dar une você aos outros." Se os membros da equipe estiverem dispostos a se dar generosamente à equipe, então ela está se preparando para vencer.

2. *Evitando políticas internas.* Uma das piores formas de egoísmo se mostra em politicagens na equipe. Isso geralmente significa agir em seu próprio benefício, independentemente de como isso possa causar danos à equipe. Mas bons jogadores de equipe se preocupam com o benefício de seus colegas de equipe acima do seu.

3. *Demonstrando lealdade.* Se você demonstrar lealdade ao pessoal da sua equipe, eles retornarão com a mesma moeda. A lealdade nutre a unidade, e a unidade produz sucesso da equipe.

4. *Valorizando a interdependência mais do que a independência.* Nos Estados Unidos, nós valorizamos demais a independência, porque ela normalmente é acompanhada por inovação, trabalho duro e disposição para defender o que é certo. Mas a independência levada longe demais é uma característica de egoísmo.

Deixe que Deus se preocupe com a sua promoção

Não se engrandeça na presença do rei, e não reivindique lugar entre os homens importantes; é melhor que o rei lhe diga: "Suba para cá!", do que ter que humilhá-lo diante de uma autoridade.

Provérbios 25:6,7

Em sua primeira carta a Timóteo, o apóstolo Paulo nos conta que é bom aspirar a uma posição de liderança (3:1). No entanto, há uma diferença entre dar um passo à frente e aceitar a posição de liderança e dar um passo à frente para se colocar nos holofotes para o benefício da autopromoção.

A estrada para a liderança bíblica vem através do serviço. Líderes podem se encontrar nos holofotes, mas também sofrem com o calor que acompanha essa posição de destaque. Eles falam pelo bem da missão, mas também estão dispostos a calar quando isso é bom para a organização. E, a qualquer momento, devem estar dispostos a fazer todos os tipos de sacrifícios pelo bem de seu pessoal.

Líderes perdem o direito de serem egoístas. Romanos 15:1-6 nos lembra que liderança é servir aos outros, e não exercer poder. Um servo...

1. nega a si. Devemos agradar aos outros, e não a nós mesmos.
2. desenvolve os outros. Devemos agregar valor aos outros.
3. aceita maus tratos. Devemos perdoar erros.
4. imita Cristo. Devemos ter Cristo como nosso modelo.
5. é aluno. Devemos permanecer abertos a ensinamentos.
6. busca a harmonia dos relacionamentos. Devemos buscar unidade e paz.

Bíblia da liderança cristã

AH, NÃO É NADA

Notícias desse fato chegaram aos ouvidos da igreja em Jerusalém, e eles enviaram Barnabé a Antioquia. Este, ali chegando e vendo a graça de Deus, ficou alegre e os animou a permanecerem fiéis ao Senhor, de todo o coração. Ele era um homem bom, cheio do Espírito Santo e de fé; e muitas pessoas foram acrescentadas ao Senhor.

ATOS 11:22-24

Se algum líder antigo da igreja poderia ser chamado de servo, era Barnabé. Ele iniciava e fazia o que fosse preciso para elevar o moral ou os homens ou angariar dinheiro. O que permitiu que Barnabé demonstrasse tal estilo de vida? Ele não tinha...

Nada a provar. Barnabé não tinha que jogar. Ele nunca buscava destaque. Quando foi mentor de Paulo, ele deixou com alegria o apóstolo se elevar mais alto que ele.

Nada a perder. Barnabé não tinha que defender sua reputação nem temer perder popularidade. Ele veio para servir, não para ser servido. Isso permitiu que ele se concentrasse em dar, não em receber.

Nada a esconder. Barnabé não mantinha uma fachada ou imagem. Permanecia autêntico, vulnerável e transparente. Sentia alegria com as vitórias dos outros.

Bíblia da liderança cristã

ESTA SEMANA: De que maneiras você é um servo eficaz da sua equipe? Em que sente dificuldade? Busque uma oportunidade de silenciosamente servir a alguém na sua equipe, e tome nota dos resultados.

A PROMESSA DE DEUS AOS LÍDERES

Em seu coração o homem planeja o seu caminho,
mas o SENHOR determina os seus passos...
Quem examina cada questão com cuidado prospera,
e feliz é aquele que confia no SENHOR.

Provérbios 16:9, 20

A PROMESSA DE UM LÍDER À EQUIPE

Embora eu dê valor à opinião de todo mundo, darei consideração extra àqueles que provaram ser sábios, confiáveis e comprometidos com o bem-estar de nossa equipe e nossa missão.

SEMANA 26

BONS CONSELHOS PODEM TORNÁ-LO GRANDIOSO

Como é feliz aquele que não segue o conselho dos ímpios, não imita a conduta dos pecadores, nem se assenta na roda dos zombadores! Ao contrário, sua satisfação está na lei do SENHOR, e nessa lei medita dia e noite. É como árvore plantada à beira de águas correntes: Dá fruto no tempo certo e suas folhas não murcham. Tudo o que ele faz prospera!

SALMO 1:1-3

O brilhante primeiro Salmo contrasta os justos e os maus. Líderes, tomem nota, porque a diferença entre os dois parece ser onde eles buscam seus conselhos! Observe como um líder tolo pode ser desviado do caminho por um círculo corrupto.

1. O líder começa a procurar os conselhos errados.
2. O líder começa a ouvir as vozes erradas.
3. O líder se junta ao círculo errado.

Um líder sábio medita na Palavra de Deus dia e noite. Note o que acontece quando você recebe conselhos do círculo certo.

1. Estabilidade.
2. Nutrição e renovação internas.
3. Frutos e produtividade.
4. Força e durabilidade.
5. Sucesso.

Bíblia da liderança cristã

Seus conselheiros podem elevá-lo ou derrubá-lo

Todo líder deve construir um círculo que agregue valor a si e à liderança da organização. Mas escolha bem, pois os membros desse círculo se tornarão seus confidentes mais próximos; seu círculo pode elevá-lo ou derrubá-lo. Então, quem participa do "conselho" nesse círculo? Busque:

- Pessoas criativas
- Pessoas leais
- Pessoas que compartilham da sua visão
- Pessoas sábias e inteligentes
- Pessoas com dons complementares
- Pessoas com influência
- Pessoas de fé
- Pessoas de integridade

Bíblia da liderança cristã

Onde entra Deus? Líderes e organizações constantemente fazem planos. No entanto, Isaías manda um aviso a todo líder que desenvolve planos sem consultar os desígnios de Deus (Isaías 30:1-5). Líderes devem se lembrar de como os planos estratégicos precisam ser cautelosos. Ninguém conhece o futuro exceto Deus. Tenha em mente a seguinte equação enquanto planeja:

Nossa Preparação + Providência de Deus = Sucesso

Líderes devem constantemente perguntar se seus planos se encaixam nos desejos revelados de Deus para eles e para sua organização. Em seguida, devem perguntar se seus planos permanecem relevantes às necessidades de sua missão, seus valores e seus objetivos a longo prazo. Finalmente, precisam perguntar se seus planos se encaixam nas necessidades de sua cultura e seu tempo.

Bíblia da liderança cristã

A prioridade da palavra de Deus

O capítulo mais longo na Bíblia é uma canção sobre a prioridade da palavra de Deus. Por 176 versículos, o Salmo 119 eleva as palavras e sabedoria de Deus e nos convence a valorizá-las mais do que qualquer coisa na vida.

Por que isso é tão crucial para nós? Líderes em nosso mundo encaram duas realidades:

A mudança acontece mais rápido que nunca, então líderes devem permanecer adaptáveis.

Nós precisamos de valores atemporais mais do que nunca; então, líderes devem se guiar por princípios.

Considere o que o Salmo 119 nos ensina sobre a Palavra de Deus como nossa fonte de princípios de liderança. Nossa liderança...

- Será abençoada.
- Permanecerá pura e ética.
- Será reforçada e revitalizada.
- Responderá a críticas com insight.
- Apreciará liberdade.
- Ganhará conselhos sábios quando necessário.
- Permanecerá firme mesmo quando afligida.
- Será iluminada, intuitiva.
- Terá um guia confiável.

Bíblia da liderança cristã

Esta semana: Considere os membros da sua equipe. Você confia nos conselhos de quem? Por quê? Considere seus superiores. Você confia em todos eles? Por quê? Seus conselheiros sabem o quanto você os estima? Em que áreas você poderia usar mais ou melhores conselheiros? Você é um bom conselheiro para os outros? Lembre-se, "Sem diretrizes a nação cai; o que a salva é ter muitos conselheiros" (Provérbios 11:14).

A PROMESSA DE DEUS AOS LÍDERES

Mas bendito é o homem cuja confiança está no SENHOR, cuja confiança nele está. Ele será como uma árvore plantada junto às águas e que estende as suas raízes para o ribeiro. Ela não temerá quando chegar o calor, porque as suas folhas estão sempre verdes; não ficará ansiosa no ano da seca nem deixará de dar fruto.

Jeremias 17:7,8

A PROMESSA DE UM LÍDER À EQUIPE

Eu aumentarei minhas habilidades continuamente para servir melhor nossa equipe e nossos clientes.

SEMANA 27

O CRESCIMENTO COMEÇA COM O LÍDER

Vendo isso, Pedro lhes disse [...] Mas muitos dos que tinham ouvido a mensagem creram, chegando o número dos homens que creram a perto de cinco mil.

ATOS 3:12, 4:4

Uma empresa não pode crescer por fora, até seus líderes crescerem por dentro. Muitas vezes, fico surpreso com o dinheiro, energia e marketing que as empresas concentram em áreas que não produzirão crescimento. Panfletos inteligentes e slogans que "pegam" nunca vencerão uma liderança incompetente.

Em 1981, eu me tornei pastor sênior de uma igreja cujo número de freqüentadores estava obviamente estável. Quando chamei minha primeira reunião de pessoal, desenhei uma linha em um quadro e escrevi o número "1.000". Compartilhei que, embora soubesse que o pessoal pudesse liderar mil pessoas eficazmente, eu não sabia se eles poderiam liderar duas mil pessoas. Quando os líderes mudassem positivamente, eu sabia que o crescimento se tornaria automático. Primeiro, entretanto, eu tinha que ajudá-los a mudarem a si próprios.

A força de qualquer organização é um resultado direto da força de seus líderes.

Líderes fracos = organizações fracas.

Líderes fortes = organizações fortes.

Tudo se eleva e cai na liderança.

Developing the Leaders Around You [Desenvolvendo os líderes à sua volta]

Foco inteligente torna a liderança inteligente

O que é preciso para ter o foco exigido para ser um líder verdadeiramente eficaz? As chaves são prioridades e concentração. Para focar seu tempo e energia siga estas orientações:

Concentre 70% em seus pontos fortes. Líderes eficientes que atingem seu potencial dedicam mais tempo concentrando-se no que fazem bem do que naquilo que fazem mal.

Concentre 25% em coisas novas. Se você deseja melhorar, deve estar em constante mudança e desenvolvimento. Isso significa adentrar novas áreas. Se você dedica tempo a coisas novas relacionadas a sua área forte, crescerá como líder.

Concentre 5% em seus pontos fracos. Ninguém pode deixar de trabalhar totalmente seus pontos fracos. A chave é minimizá-los o máximo possível, e os líderes podem fazê-lo delegando.

As 21 indispensáveis qualidades de um líder

Encoraje os pontos fortes dos outros. Se você começar a tentar ajudar seu pessoal a crescer corrigindo seus pontos fracos, você os desestimulará e sem querer sabotará seu crescimento. Em vez disso, dê sua atenção aos pontos fortes das pessoas. Melhore as habilidades que já existem. Elogie suas qualidades. Traga à tona seus dons inerentes. Pontos fracos podem esperar, a menos que sejam falhas de caráter. Só depois que você tiver estabelecido um relacionamento forte com a pessoa e ela já tiver começado a crescer e ganhar confiança, você deve abordar pontos fracos. E então eles devem ser abordados gentilmente, e um de cada vez.

Becoming a Person of Influence [Tornando-se uma pessoa influente]

Crescimento = Mudança

Transformem-se pela renovação da sua mente.

Romanos 12:2

Mudar é difícil para a maior parte das pessoas, mas crescer é impossível sem mudança. A maioria das pessoas luta contra as mudanças, especialmente quando isso as afeta pessoalmente. Como afirmou o romancista Leon Tolstoi: "Todos pensam em mudar o mundo, mas ninguém pensa em mudar a si."

Mudanças são inevitáveis. Todo mundo tem que lidar com mudanças em suas vidas. Por outro lado, o crescimento é opcional. Você pode escolher crescer ou lutar contra ele. Mas saiba disso: pessoas que não estão dispostas a crescer nunca atingirão seu potencial.

Tranformar-se de um aprendiz ocasional a alguém dedicado ao crescimento pessoal é difícil. Vai contra a forma como a maior parte das pessoas vive. Ao receber seu diploma, a maior parte das pessoas comemora confessando a si próprio: "Graças a Deus acabou. Chega de estudar." Mas esse tipo de pensamento não eleva você mais do que à média.

Your Road Map for Success [Seu mapa para o sucesso]

Esta semana: Reflita em quem você é e encare suas falhas. Se você se dedicar ao crescimento hoje, pode atingir seu potencial amanhã. Lembre-se, para mudar o seu mundo, primeiro você deve mudar a si. Para fazer isso:

1. Enxergue-se claramente.
2. Admita seus defeitos honestamente.
3. Descubra seus pontos fortes com alegria.
4. Desenvolva esses pontos fortes com paixão.

Failing Forward [Aprendendo com os erros]

A PROMESSA DE DEUS AOS LÍDERES

Eu o instruirei e o ensinarei no caminho que você deve seguir; eu o aconselharei e cuidarei de você.

Salmo 32:8

A PROMESSA DE UM LÍDER À EQUIPE

Eu sei aonde precisamos chegar,
e eu posso nos levar lá. Este é nosso caminho.

SEMANA 28

IDENTIFIQUE A VISÃO

Onde não há revelação divina, o povo se desvia.

PROVÉRBIOS 29:18

Você já fez parte de uma equipe que não parecia fazer nenhum progresso? Talvez o grupo tivesse bastante talento, recursos e oportunidades, e os membros da equipe se davam bem, mas o grupo simplesmente nunca ia a lugar nenhum. Há uma forte possibilidade de que o motivo fosse falta de visão.

Uma grande visão vem antes de uma grande realização. Toda equipe precisa de uma visão convincente para lhe dar direção. Se uma equipe não tem, está fadada a sofrer o destino expressado pelo grande jogador de beisebol Yogi Berra: "Você deve ter cuidado se não souber para onde está indo, porque pode ser que você não chegue lá." Uma equipe sem visão está, na pior das hipóteses, sem propósito definido. Na melhor, é sujeita aos planos pessoais — e às vezes egoístas — de vários colegas de equipe. Como esses planos trabalham uns contra os outros, isso suga a energia e a determinação da equipe. Por outro lado, uma equipe que abraça uma visão se torna focada, energizada e confiante. Sabe aonde está indo, e por quê.

Se você lidera a sua equipe, é responsável por identificar uma visão convincente e que valha a pena, articulando-a para os membros da sua equipe.

As 17 incontestáveis leis do trabalho em equipe

A visão é indispensável. Ela lidera o líder. Ela desenha o alvo. Acende e alimenta a chama interior, impelindo o líder para a frente. Ela também estimula aqueles que seguem o líder. Mostre-me um líder sem visão e eu lhe mostro alguém que não vai a lugar algum. Para entender a visão, considere o seguinte:

1. *A visão começa no interior.* Se você não tem visão, olhe para dentro de si mesmo. Recorra a seus dons naturais e a seus desejos. Olhe para seu chamado, se tiver algum. E, se mesmo assim você não conseguir formar uma visão própria, considere a possibilidade de buscá-la em um líder cuja visão faz sentido para você.

2. *A visão vem de sua própria história.* A visão não é uma qualidade mística que vem do nada. Ela se desenvolve com base no seu passado e na história das pessoas que o cercam.

3. *A visão atende às necessidades dos outros.* A verdadeira visão vai além do que o indivíduo pode realizar. E também faz mais do que simplesmente incluir outras pessoas; a visão agrega valor à vida delas. Se você tiver uma visão que não serve a outros, provavelmente ela é pequena demais.

4. *A visão ajuda você a reunir recursos.* A visão age como um ímã. Atrai, desafia e une as pessoas. Também angaria finanças e outros recursos. Quanto maior for a visão, maior será o número de vencedores que ela atrairá. Quanto mais desafiadora, mais os participantes se empenharão para atingi-la.

As 21 indispensáveis qualidades de um líder

Conheça o caminho, depois mostre-o. Líderes fazem mais do que controlar o rumo da equipe: eles vislumbram mentalmente a viagem completa antes de seguir adiante. Líderes enxergam *mais longe* do que os outros, *mais* do que os outros e *antes* dos outros.

Deixe essas vozes guiarem sua visão

A voz interior. Qual é a sua missão? O que instiga seu coração? Se aquilo que você busca na vida não vier de um desejo interior, não será capaz de realizá-lo.

A voz infeliz. O descontentamento com o *status quo* é um grande catalisador da visão. Você se encontra sob controle complacente? Ou se percebe com um grande desejo de mudar seu mundo?

A voz bem-sucedida. Ninguém pode realizar grandes coisas sozinho. Para colocar em prática uma grande visão, você precisa de uma boa equipe. Entretanto, também precisa de bons conselhos de alguém que esteja à frente na jornada da liderança. Se você deseja liderar outros para a grandeza, encontre um mentor.

A voz do alto. Uma visão realmente valiosa deve incluir Deus. Somente ele conhece suas capacidades plenas. Você já olhou além de si próprio, até mesmo além de sua própria existência, ao procurar sua visão? Se a resposta é não, é possível que você esteja perdendo seu verdadeiro potencial e o melhor da vida.

As 21 indispensáveis qualidades de um líder

Esta semana: Desenhe um "mapa" de onde sua equipe está, aonde você foi e para onde está indo. Note algumas das montanhas, vales, desertos e rios que você encontrou. Sua equipe conhece a história da jornada? Eles sabem claramente aonde você está indo e que desafios o aguardam?

A PROMESSA DE DEUS AOS LÍDERES

Eu o conduzi pelo caminho da sabedoria e o encaminhei por veredas retas. Assim, quando você por elas seguir, não encontrará obstáculos; quando correr, não tropeçará. Apegue-se à instrução, não a abandone; guarde-a bem, pois dela depende a sua vida.

Provérbios 4:11-13

A PROMESSA DE UM LÍDER À EQUIPE

Nossa jornada incluirá momentos difíceis, mas eu me manterei em um caminho de crescimento para nos levar a vencer os desafios à frente.

SEMANA 29

CONTINUE MELHORANDO

Todos os que competem nos jogos
se submetem a um treinamento rigoroso.

1 Coríntios 9:25

Vivemos em uma sociedade que vê a doença como um destino final. Muitos querem fazer o suficiente para "chegar" e, depois, querem se aposentar. Meu amigo Kevin Meyers afirma: "Todos procuram por um reparo rápido, mas precisam de fato ficar em forma. Quem só pensa em fazer pequenos reparos pára de fazer o certo quando a pressão se vai. Já quem se preocupa com a boa forma faz o que deve fazer, não importam as circunstâncias." O mesmo ocorre com quem quer constantemente progredir. Há três processos em ciclos contínuos de sua vida:

1. *Preparação.* Quando se quer aprender algo novo todos os dias, torna-se mais fácil preparar-se para possíveis desafios.

2. *Contemplação.* Um tempo sozinho é essencial para o auto-aprendizado. Isto permite ganhar perspectiva quanto aos próprios erros e aprender com eles, proporcionando tempo e espaço para moldar sua visão pessoal ou organizacional. E isso lhe permite planejar para melhorar seu futuro.

3. *Aplicações.* O músico Bruce Springsteen afirmou: "Chega a hora em que você precisa parar de esperar pelo homem que quer se tornar e começar a ser o homem que você quer ser." Em outras palavras, precisa aplicar o que aprendeu.

The 17 Essential Qualities of a Team Player
[As 17 qualidades essenciais de um jogador de equipe]

Líderes são aprendizes

Se o sábio lhes der ouvidos, aumentará seu conhecimento.

Provérbios 1:5

Se você investir continuamente no desenvolvimento da sua liderança, o resultado inevitável é o crescimento com o tempo. Embora seja verdade que algumas pessoas nascem com alguns dons naturais maiores do que outras, a habilidade de liderar é na verdade uma coleção de habilidades, e quase todas podem ser aprendidas e melhoradas. Mas esse processo não acontece da noite para o dia. Liderança é uma coisa complicada. Inclui muitas facetas: respeito, experiência, força emocional, habilidade com pessoas, disciplina, visão, *momentum*, sincronia — e por aí vai. É por isso que líderes exigem tanto tempero para serem eficazes.

Líderes bem-sucedidos são aprendizes. E o processo de aprendizagem é contínuo, resultado de autodisciplina e perseverança. O objetivo de cada dia deve ser melhorar um pouco, edificando a partir do progresso conquistado no dia anterior.

As 21 irrefutáveis leis da liderança

Quando Naamã buscou a ajuda de Eliseu para curar sua lepra, Eliseu respondeu com raiva a Naamã (2 Reis 5:11).

Ele lutou com orgulho, com expectativas falsas e inflexibilidade. Ainda assim, como um líder forte, Naamã se cercou de indivíduos que poderiam falar e discordar dele, e seu círculo teve bom conselhos. Naamã mudou de idéia, seguiu as diretrizes do profeta e foi curado. Os líderes que continuaram ensinando receberam bênçãos constantes.

Bíblia da liderança cristã

Acabe com suas limitações

Quando os justos florescem, o povo se alegra;
quando os ímpios governam, o povo geme.

Provérbios 29:2

O sucesso está ao alcance de quase todo mundo. Mas o sucesso pessoal sem capacidade de liderança tem eficácia limitada. Sem capacidade de liderança, o impacto da pessoa é apenas uma parcela do que poderia ser com uma boa liderança. Quanto mais alto você quer chegar, mais precisa de liderança. Quanto maior o impacto que pretende ter, maior precisa ser sua influência. O que você realiza é determinado por sua capacidade de liderar os outros.

A capacidade de liderança sempre é o limite da eficácia pessoal e da organização. Quanto menor a habilidade de uma pessoa de liderar, menor é a limitação em seu potencial. Quanto maior a liderança, maior será sua eficácia. Sua capacidade de liderança — para melhor ou para pior — sempre determina sua eficácia e o potencial impacto da sua organização. Para alcançar o nível mais alto de eficácia, você tem que levantar o limite na sua capacidade de liderança. A boa notícia é que você pode — se estiver disposto a pagar o preço da mudança.

As 21 irrefutáveis leis da liderança

Esta semana: Avalie sua jornada de crescimento pessoal. Você tem um plano estratégico ou seu processo de aprendizado é passivo? Liste três modos de crescimento e depois liste três modos possíveis de facilitar cada meta de crescimento. Você está encorajando os membros de sua equipe de crescer estrategicamente?

A PROMESSA DE DEUS AOS LÍDERES

Saibam, portanto, que o SENHOR, o seu Deus,
é Deus; ele é o Deus fiel, que mantém a aliança e a
bondade por mil gerações daqueles que o
amam e obedecem aos seus mandamentos.

Deuteronômio 7:9

A PROMESSA DE UM LÍDER À EQUIPE

Estou comprometido com o sucesso pleno
de nossa missão estabelecida.
Trabalhe comigo e faremos isso da forma correta.

SEMANA 30

MANTENHA SEUS COMPROMISSOS

Quando todos os nossos inimigos souberam disso, todas as nações vizinhas ficaram atemorizadas e com o orgulho ferido, pois perceberam que essa obra havia sido executada com a ajuda de nosso Deus.

NEEMIAS 6:16

O compromisso vem antes de tudo na vida de um líder. Porque Neemias teve um coração comprometido e inspirado nos hábitos dos outros, as pessoas terminaram a construção dos muros de Jerusalém em 53 dias, apesar de toda a adversidade enfrentada. Seus feitos notáveis emocionaram tanto Neemias que ele escreveu: "Todas as nações vizinhas... perceberam que essa obra havia sido executada com a ajuda de nosso Deus."

Líderes que completam uma tarefa possuem estas características:

Propósito irresistível. Eles possuem um grande compromisso para uma grande causa.

Perspectiva clara. Eles não deixam o medo nublar sua visão do futuro.

Prece constante. Eles oram sobre tudo e ganham a preferência de Deus.

Persistência corajosa. Eles se movem à frente apesar dos percalços. Se você está enfrentando um desafio de Deus, cultive essas características para se dar a melhor oportunidade para o sucesso.

Bíblia da liderança cristã

O compromisso precede os recursos

Rute, porém, respondeu: "Não insistas comigo que te deixe e que não mais te acompanhe. Aonde fores irei, onde ficares ficarei! O teu povo será o meu povo e o teu Deus será o meu Deus!"

Rute 1:16

Enquanto todo líder precisa de recursos financeiros e humanos para atingir seus objetivos, o compromisso deve sempre preceder esses recursos. Quando um líder demonstra comprometimento com a missão e objetivos da organização, então Deus se mexe e uma corrente inteira de eventos começa a ocorrer.

No primeiro capítulo do livro com seu nome, Rute escolhe ficar com Noemi, sua sogra, mesmo depois de ter perdido seu marido. Ela não sabia disso, mas seu comprometimento levaria a todos os tipos de portas abertas. Rute acha trabalho em um tempo difícil, faz amigos em uma terra estranha, e eventualmente ganha um novo marido, Boaz. O que é mais impressionante, Deus a inclui — uma moabita adotada pela família de Israel — na linhagem de Cristo. A criança que ela deu à luz se tornou parte da linhagem do Messias.

O segredo? Comprometimento. Uma vez que um líder definitivamente se compromete, Deus se move e todo tipo de incidentes imprevistos, encontros, pessoas e assistências materiais começam a aparecer.

Bíblia da liderança cristã

Vá até o fim

Gênesis 11:31 nos diz que o pai de Abrão, Terá, partiu de Ur dos Caldeus para Canaã muito antes de Abrão fazer uma viagem similar. Mas, por alguma razão, Terá parou em Harã e nunca continuou sua jornada. Terá recebeu um chamado original de Deus... mas negligenciou em segui-lo? Não sabemos.

Nós sabemos que Abrão nunca cometeu tal erro. Embora ele tenha cometido outros erros de liderança, sempre pareceu seguir seus compromissos. Quando Deus o chamou para partir para uma terra desconhecida, ele foi. Quando os inimigos abduziram Ló e suas mercadorias, perseguiu os seqüestradores e os prendeu (Gênesis 14:14-16). Quando mandado circuncidar os homens de sua família, Abrão o fez naquele mesmo dia (Gênesis 17:23). E quando Deus pediu a Abrão que sacrificasse seu amado filho Isaque, somente uma intervenção angelical de última hora salvou a vida do jovem (Gênesis 22:1-9). Não é de se admirar que Deus, o Líder Definitivo, chamou Abraão de "meu amigo" (Isaías 41:8)!

Bíblia da liderança cristã

Esta semana: Liste alguns de seus compromissos no trabalho, em casa e na comunidade. Você está se distanciando deles? Quais compromissos você gostaria de largar ou mudar? Sua equipe está segura de seu compromisso com eles e com sua missão? Quais são os limites dos seus compromissos?

A PROMESSA DE DEUS AOS LÍDERES

Mantenham o pensamento nas coisas do alto,
e não nas coisas terrenas. Pois vocês morreram,
e agora a sua vida está escondida com Cristo em Deus.
Quando Cristo, que é a sua vida, for manifestado, então
vocês também serão manifestados com ele em glória.

Colossenses 3:2-4

A PROMESSA DE UM LÍDER À EQUIPE

Eu farei perguntas, buscarei respostas e
baterei em todas as portas até estar seguro
de que estamos perseguindo o propósito certo.

SEMANA 31

CONHEÇA SEU PROPÓSITO

Porque somos criação de Deus realizada em Cristo Jesus para fazermos boas obras, as quais Deus preparou antes para nós as praticarmos.

EFÉSIOS 2:10

Nada na vida substitui o reconhecimento de seu propósito. Sem esse reconhecimento, você certamente passará sua vida fazendo as coisas erradas.

Acredito que Deus criou cada pessoa por um propósito. Como afirmou o psicólogo Viktor Frankl: "Cada um tem sua missão específica ou vocação na vida... assim a tarefa de todos é tão única quanto sua oportunidade específica para implementá-la." Cada um de nós tem um propósito para o qual fomos criados. Nossa responsabilidade — e nossa alegria — é identificar o que é.

Aqui estão algumas perguntas cujas respostas podem ajudar você a identificar seu propósito:

O que eu estou buscando? Todos nós temos um desejo forte em nosso coração, algo que fala em nossos pensamentos mais profundos e sentimentos, algo que coloca nossa alma pegando fogo.

Por que eu fui criado? Pense na mistura única de habilidades que você tem, os recursos disponíveis para você, sua história pessoal e as oportunidades à sua volta.

Eu acredito no meu potencial? Ninguém pode agir de maneira inconsistente com o modo como se vê.

Quando eu começo? A resposta para esta pergunta é: "AGORA."

Your Road Map for Success [Seu mapa para o sucesso]

O PODER DO PROPÓSITO

O apóstolo Paulo poderia ter sido perdoado se tivesse escolhido tirar um pequeno descanso enquanto estava na prisão, esperando seu julgamento. Porém ele usou até mesmo essa oportunidade para avançar com o evangelho (Filipenses 1:12-14). Paulo foi um líder que nunca abandonou sua missão. Ele determinou deixar sua marca onde quer que fosse.

Como o senso de propósito de Paulo o manteve nesta batalha enquanto estava na prisão? O que ele aprendeu atrás das grades? Considere o seguinte:

- Um propósito motivará você.
- Um propósito manterá suas prioridades no caminho.
- Um propósito desenvolverá seu potencial.
- Um propósito dará poder para você viver o presente.
- Um propósito ajudará a avaliar seu progresso.

Bíblia da liderança cristã

Busque a Deus, depois faça essas perguntas. A maioria das pessoas pode priorizar quando se defronta com a questão de certo e errado. O desafio surge quando nos defrontamos com duas boas escolhas. Se você está tendo dificuldade de decidir entre duas boas opções:

- Peça para seu supervisor ou colegas de trabalho que expressem sua preferência.
- Pergunte: alguém mais pode cuidar de alguma das opções?
- Que opção beneficiaria mais o cliente?
- Tome sua decisão fundamentado no propósito da organização.

Você nasceu para liderar

Trocando por algo maior

O Poeta Rudyard Kipling declarou: "Se você não consegue o que quer, isto é um sinal ou de que o seu desejo não é tão forte, ou de que tentou barganhar o preço." Quer alcançar seu potencial e preencher seu propósito na vida? Avalie o tamanho de seu desejo para continuar crescendo, aprendendo e fazendo escolhas.

Com o passar do tempo percebi que é forçoso fazer escolhas e realizar trocas para o sucesso, e apenas as decisões e trocas sábias podem ajudá-lo a alcançar seu potencial.

O problema de muitos que ficam para trás é não ter trabalhado para desenvolver aquilo que valha a pena trocar. As trocas só são possíveis quando há algo de que vale a pena abrir mão. E, quando você troca, você não troca do nível mais baixo para o mais alto, pulando todos os níveis. Normalmente você só está disponível para mover um nível de cada vez — ou para cima ou para baixo.

Your Road Map for Success [Seu mapa para o sucesso]

Esta semana: Medite no trecho de Apocalipse 22:12,13: "Eis que venho em breve! A minha recompensa está comigo, e eu retribuirei a cada um de acordo com o que fez. Eu sou o Alfa e o Ômega, o Primeiro e o Último, o Princípio e o Fim." O que isso diz sobre como Deus quer que o priorizemos? Ele está em toda parte de sua vida? Em outras palavras, sua lista de prioridades é assim: Deus e a família, Deus e o trabalho, Deus e a igreja, Deus e a comunidade e assim por diante?

A PROMESSA DE DEUS AOS LÍDERES

Sua obra será mostrada, porque o Dia a trará à luz; pois será revelada pelo fogo, que provará a qualidade da obra de cada um. Se o que alguém construiu permanecer, esse receberá recompensa. Se o que alguém construiu se queimar, esse sofrerá prejuízo; contudo, será salvo como alguém que escapa através do fogo.

1 Coríntios 3:13-15

A PROMESSA DE UM LÍDER À EQUIPE

Eu valorizarei você como pessoas, louvarei seus esforços e recompensarei vocês baseado no seu desempenho.

SEMANA 32

LIDERE DE DENTRO PARA FORA

E de coração íntegro Davi os pastoreou;
com mãos experientes os conduziu.

SALMO 78:72

A liderança de Davi venceu dos dois lados da moeda: sua habilidade e sua integridade. Todos os grandes líderes devem ter esta combinação. O líder deve...

1. Valorizar a excelência.
2. Não aceitar a mediocridade.
3. Prestar atenção nos detalhes.
4. Manter-se comprometido com o que realmente importa.
5. Mostrar integridade e ética.
6. Mostrar respeito genuíno aos outros.
7. Correr a segunda milha.
8. Demonstrar consistência.
9. Nunca parar de melhorar.
10. Sempre dar 100%.
11. Fazer da excelência um estilo de vida.

A primeira pessoa que você lidera é você — e sem autodisciplina você não pode se liderar efetivamente. O líder deve...

1. Desenvolver e seguir suas prioridades.
2. Desafiar suas desculpas.
3. Remover recompensas até terminar o trabalho.
4. Manter-se focado nos resultados e nunca trocar o que você quer no momento em que você mais quer.

Bíblia da liderança cristã

A competência não compensa a insegurança

Daí em diante Saul olhava com inveja para Davi.

1 Samuel 18:9

Líderes inseguros são perigosos — para si mesmos, seus seguidores e para a organização que lideram — porque uma posição de liderança acentua as falhas pessoais. Qualquer bagagem negativa de sua vida fica mais difícil de carregar quando você está tentando liderar outras pessoas.

Líderes inseguros têm vários traços em comum:

1. *Não passam segurança para as pessoas.* Um líder eficiente precisa ajudar seus seguidores a se sentirem bem consigo mesmos.

2. *Tomam mais do que dão.* Pessoas inseguras estão em uma busca contínua de afirmação, reconhecimento e amor. Por isso, o foco delas é encontrar segurança, não instilar segurança nos outros.

3. *Limitam continuamente seus melhores seguidores.* Mostre-me um líder inseguro e eu lhe mostrarei alguém que não pode comemorar verdadeiramente a vitória de seus seguidores. Ele pode até mesmo impedir que seus seguidores tenham vitórias. Ou tentar receber os créditos pelo bom trabalho da equipe.

4. *Limitam continuamente a organização.* Quando os liderados são prejudicados insidiosamente e não recebem reconhecimento, perdem o ânimo e finalmente deixam de usar seu potencial no desempenho das funções. Quando isso ocorre, toda a organização sofre.

As 21 indispensáveis qualidades de um líder

Ame as pessoas, recompense o desempenho

"Muito bem, servo bom e fiel! Você foi fiel no pouco, eu o porei sobre o muito. Venha e participe da alegria do seu senhor!"

Mateus 25:23

Educadores nos Estados Unidos têm procurado formas de aumentar as notas dos alunos. Uma teoria popular mostra que o melhor modo de melhorar a habilidade de uma criança é inflar sua auto-estima, porque pessoas que têm altas conquistas tendem a ter alta auto-estima. Porém, pesquisadores descobriram que construir o ego realça muitos traços negativos: indiferença à excelência, inabilidade para superar obstáculos e agressividade em relação a críticos.

Costumo elogiar bastante, especialmente crianças. Mas também acredito que o louvor precisa se basear na verdade. Aqui está o que faço para encorajar e liderar:

Valorize as pessoas. Louve o esforço. Recompense o desempenho. Eu uso esse método com todos, incluindo eu mesmo.

Failing Forward [Aprendendo com os erros]

Esta semana: Você define claramente os padrões de excelência por você e pelo seu time? Todos entendem o que são estes padrões? De que forma você está mudando? O que você, como líder, pode fazer para melhorar seu desempenho? O que sua equipe pensa?

A PROMESSA DE DEUS AOS LÍDERES

Não fui eu que lhe ordenei? Seja forte e corajoso!
Não se apavore, nem desanime, pois o SENHOR,
o seu Deus, estará com você por onde você andar.

Josué 1:9

A PROMESSA DE UM LÍDER À EQUIPE

Eu sei dos perigos no nosso caminho,
e sei que podemos vencê-los.

SEMANA 33

LIDERE COM CORAGEM

Seja forte e corajoso...

DEUTERONÔMIO 31:7

Sempre que você observa um progresso significativo em uma organização, sabe que o líder tomou decisões corajosas. A posição de liderança não dá coragem a alguém, mas a coragem pode dar-lhe uma posição de liderança. Ao se deparar com decisões difíceis e desafiadoras, identifique esses pontos sobre a coragem:

1. A coragem começa com uma batalha interior. A coragem não é a ausência de medo. É fazer o que se tem medo de fazer.

2. Coragem é fazer as coisas direito, e não apenas acertá-las da melhor maneira. Martin Luther King Jr., líder do Movimento de Direitos Civis, declarou: "A capacidade máxima de um homem não se mede nos momentos de conforto e conveniência, mas nos tempos de desafio e controvérsia."

3. A coragem de um líder inspira o comprometimento dos seguidores. "A coragem é contagiosa", assegura o evangelista Billy Graham. "Quando um homem corajoso assume uma posição, os demais se aprumam."

4. Sua vida se expande na proporção de sua coragem. O historiador romano Tácito escreveu: "O desejo de segurança coloca-se contra todo empreendimento grande e nobre." A coragem, porém, tem efeito contrário. Ela abre portas, e esse é um de seus maiores benefícios.

As 21 indispensáveis qualidades de um líder

Onde está sua confiança?

Sempre é uma boa idéia ter um plano de batalha se você pretende liderar um exército para uma guerra. Moisés possuía um plano para o exército de Israel, um conjunto de instruções que veio direto do topo (Deuteronômio 20:1). Imagine a confiança que um comandante de campo poderia instilar em suas tropas sabendo que não poderia perder. Esse foi o tipo de garantia que Deus deu a Moisés e ao povo de Israel. Deus lhes garantiu que eles não tinham nada a temer — desde que se lembrassem de que estaria sempre presente.

Líderes cristãos hoje podem confiar na mesma promessa que deu tanta coragem a Moisés: "Pois o SENHOR, o seu Deus, os acompanhará e lutará por vocês contra os seus inimigos, para lhes dar a vitória" (Deuteronômio 20:4). E assim Deus nos fornece a mesma garantia que deu a Moisés: "Não tenham medo."

Corra os riscos necessários. A verdadeira liderança pode significar se levantar sozinho e falar verdades difíceis. O profeta Elias sabia bem disso, pois orou pelo julgamento de seu próprio povo, confrontou um rei perverso, e depois desafiou centenas de falsos profetas (1 Reis 18:37). Os riscos são duros para a maior parte das pessoas. É por isso que líderes devem tanto dar o exemplo de coragem quanto chamar os outros a ela.

Bíblia da liderança cristã

Falhando

"Pequei", disse Saul. "Violei a ordem do SENHOR e as instruções que tu me deste. Tive medo dos soldados e os atendi."

1 Samuel 15:24

O rei Saul nunca vencia as batalhas internas. Quando encarava um desafio, entrava em pânico. Ele não tinha a coragem necessária para liderar o povo de Israel.

Algumas lições de coragem que aprendemos com Saul são:

- Tanto a coragem como a covardia são contagiosas. Quando Saul fugiu, também o fizeram.
- Sem coragem, não importa o quão boas são suas intenções. Saul tinha boas intenções quando presenteou o Senhor com holocaustos. Mas ele deixou que seu medo de que as pessoas o abandonassem controlasse suas ações.
- Sem coragem, somos escravos de nossa própria insegurança e possessividade. Saul era cativo de seu medo de ser substituído por Davi.
- Um líder sem coragem nunca abandonará o que é familiar. Saul empregou um médium para pedir conselhos do espírito de Samuel.
- A falta de coragem eventualmente sabotará um líder. A falta de coragem de Saul lhe custou tudo.

Bíblia da liderança cristã

Esta semana: Considere os riscos diante de você. O que a sua equipe teme? O que você teme? Como pode aumentar e demonstrar sua coragem à equipe?

A PROMESSA DE DEUS AOS LÍDERES

E aquele que sonda os corações conhece a intenção do Espírito, porque o Espírito intercede pelos santos de acordo com a vontade de Deus. Sabemos que Deus age em todas as coisas para o bem daqueles que o amam, dos que foram chamados de acordo com o seu propósito.

Romanos 8:27,28

A PROMESSA DE UM LÍDER À EQUIPE

Eu genuinamente me importo com todo mundo nessa equipe e com o que estamos conquistando juntos.

SEMANA 34

A LIDERANÇA COMEÇA NO CORAÇÃO

Já não os chamo servos... em vez disso,
eu os tenho chamado amigos.

João 15:15

O que uma pessoa pode fazer para administrar e cultivar bons relacionamentos sendo um líder? São necessárias três coisas:

1. *Entenda as pessoas.* O especialista em marketing Rod Nichols observa: "Se você tratar todos os clientes da mesma maneira, só fechará de 25 a 30% de seus contatos, porque só fecha um tipo de personalidade. Mas se aprender como trabalhar eficientemente com todos os quatro tipos de personalidade, é possível que feche 100% de seus contatos."

2. *Ame as pessoas.* O executivo Henry Gruland afirma: "Ser um líder é mais do que querer liderar. Os líderes têm empatia pelos outros e uma profunda habilidade de descobrir o melhor das pessoas... não o pior... ao se importarem realmente com elas." Você não pode ser um líder de fato eficiente a menos que ame as pessoas.

3. *Ajude as pessoas.* Se seu foco reside naquilo que você pode acrescentar às pessoas em vez do que pode obter delas, elas o amarão e respeitarão — o que cria uma grande base para a construção de relacionamentos.

As 21 indispensáveis qualidades de um líder

O CORAÇÃO DE UM LÍDER

A escolha de Davi para rei de Israel ilustra como Deus muitas vezes desconsidera os costumes e as tradições humanas para conquistar seus objetivos (1 Samuel 16:7). Deus viu o coração desse jovem e sabia que seu povo precisava de um líder com um espírito terno. Davi poderia ter se tornado um guerreiro, mas a gentileza era seu traço mais marcante. A vida de Davi ilustra que a fé nas pequenas coisas muitas vezes resulta em tarefas muito maiores e mais responsabilidade adiante. Davi amava o Senhor e vivia sua vida como homem de acordo com o próprio coração de Deus.

QUEM VOCÊ É PRECEDE O QUE VOCÊ FAZ. Quando Paulo falou aos efésios em Atos 20:22-24, descreveu os ingredientes de um líder eficaz. Paulo tomou decisões difíceis, e no entanto derramou lágrimas diante de seu povo. Uma coisa é certa: a liderança começa com o coração. Paulo tinha um coração que era...

Consistente. Ele vivia de maneira firme enquanto se movia entre as pessoas que liderava.

Penitente. Agia com humildade e mostrava de bom grado sua fraqueza.

Corajoso. Ele não se furtava a fazer a coisa certa.

Convicto. Comunicava suas convicções com coragem.

Comprometido. Partiu para Jerusalém, disposto a morrer por Jesus.

Cativo. Mostrou que um homem rendido não precisa lutar pela vida com suas próprias mãos.

Bíblia da liderança cristã

Devoção de coração

Tudo o que fizerem, façam de todo o coração, como para o Senhor, e não para os homens.

Colossenses 3:23

Os especialistas passam muito tempo tentando descobrir o que torna as pessoas bem-sucedidas, e, mais do que qualquer coisa, é a paixão que faz a diferença.

Atente a essas quatro verdades sobre a paixão e o que ela pode fazer por você como líder:

1. *A paixão é o primeiro passo para a realização.* Seu desejo determina seu destino. Quanto maior for o fogo, maior será o desejo — e maior o potencial.

2. *A paixão aumenta sua força de vontade.* Não existe substituto para a paixão. Ela é o combustível da vontade. Se você deseja muito alguma coisa, pode encontrar a força de vontade para alcançá-la.

3. *A paixão transforma você.* Se você seguir sua paixão, sem dúvida se tornará uma pessoa mais dedicada e produtiva. No final, sua paixão terá mais influência do que sua personalidade.

4. *A paixão torna o impossível possível.* Para os seres humanos, sempre que algo incendeia a alma as impossibilidades se desvanecem. Um fogo no coração eleva tudo na vida. Um líder com grande paixão e poucas habilidades sempre supera um líder com grandes habilidades e desapaixonado.

As 21 indispensáveis qualidades de um líder

Esta semana: Faça um check-up do seu coração. Pelo que você é apaixonado? Seu coração é consistente, penitente, corajoso, convicto, comprometido e cativo?

A PROMESSA DE DEUS AOS LÍDERES

Agora, SENHOR, Deus de Israel, cumpre a outra promessa que fizeste a teu servo Davi, meu pai, quando disseste: "Você nunca deixará de ter, diante de mim, um descendente que se assente no trono de Israel, se tão-somente os seus descendentes tiverem o cuidado de, em tudo, andar segundo a minha lei, como você tem feito."

2 Crônicas 6:16

A PROMESSA DE UM LÍDER À EQUIPE

Ajudarei a preparar outros líderes para ascenderem a novos níveis de responsabilidade e influência.

SEMANA 35

DEIXE UM LEGADO DE LIDERANÇA

Então o SENHOR disse a Moisés: "Chame Josué, filho de Num, homem em quem está o Espírito, e imponha as mãos sobre ele. Faça-o apresentar-se ao sacerdote Eleazar e a toda a comunidade e o comissione na presença deles. Dê-lhe parte da sua autoridade para que toda a comunidade de Israel lhe obedeça."

NÚMEROS 27:18-20

De todas as maneiras maravilhosas como Moisés expressou sua liderança, a mais estratégica com certeza foi seu treinamento de Josué. Moisés passou adiante sua autoridade, habilidades e sacramento para Josué. Legou a Josué seu tempo, sua percepção, um ambiente de aprendizado, uma oportunidade para se provar e uma forte crença em seu futuro.

A interação entre Moisés e Josué demonstra que reproduzir líderes não é um processo rápido e simples. Exige tempo, investimento emocional e sacrifício.

Quando você começa a desenvolver a próxima geração de líderes, reconheça que seus protegidos precisarão de certas coisas:

1. De si próprios: convicção, coragem e obediência.
2. De seu mentor: munição.
3. De Deus: visão.
4. Das pessoas: interesse.

Com tempo, investimento e sacrifício, você deixará um legado de liderança.

Bíblia da liderança cristã

Deixe mais do que uma herança

Existe uma enorme diferença entre um legado e uma herança. Qualquer um pode deixar uma herança. Uma herança é algo que você deixa *para* sua família ou entes queridos. (Também acaba.) Um legado é algo que você deixa *em* sua família e entes queridos. Considere as diferenças:

Herança	Legado
1. Algo que você dá para os outros.	1. Algo que você infunde nos outros.
2. Traz felicidade temporária.	2. Transforma-os permanentemente.
3. Acaba quando é gasta.	3. Continua muito tempo depois que você morre.
4. Sua atividade pode compensar ou não.	4. Sua atividade se torna uma conquista.

Bíblia da liderança cristã

Você colhe o que planta. Ao tentar encorajar a igreja de Coríntios a doar generosamente, o apóstolo Paulo compara seus recursos aos de um fazendeiro que contempla suas sementes (2 Coríntios 9:10,11). Você não pode colher o que não plantou. Alguns líderes, como os coríntios, acham difícil investir recursos porque temem que se acabem. Bons líderes vêem os mesmos recursos como sementes suficientes para serem plantadas — sabendo que a colheita virá e mais será criado. Devemos nos guardar contra a pobreza; devemos dar nossa vida porque é abundante.

Bíblia da liderança cristã

Uma casa dividida

A morte de Saul causou turbulência sobre o novo rei. Apesar da unção de Davi por Samuel, outros viram na situação uma oportunidade tentadora de obter poder (2 Samuel 2:10).

Transições muitas vezes trazem tempos difíceis. Líderes que deixam de planejar para sua partida estão clamando por encrenca. Saul poderia ter se tornado um herói se tivesse cooperado com Deus preparando Davi para sucedê-lo. Ele não tinha uma pessoa mais submissa em seu pessoal em todo o palácio do que Davi. Saul poderia ter se ajudado se tivesse reconhecido estas verdades:

1. Líderes devem enxergar adiante e se preparar para mudanças.
2. As pessoas podem viver sem certezas, mas não sem clareza em relação a uma direção futura.
3. Escolhas sábias hoje botam "dinheiro no bolso" de um líder em relação a escolhas futuras.
4. Habilidades para resolução de problemas e comunicação eficaz dão ao líder confiança e credibilidade.

Bíblia da liderança cristã

Esta semana: Considere sua herança de liderança. Que legados você está deixando? Leia os primeiros nove capítulos de 1 Crônicas para ter um quadro geral da genealogia dos líderes de Israel. Como você pode aplicar as lições a seguir na sua vida?

Eles permaneceram ligados a sua herança.
Eles ganharam perspectiva de seu lugar na história.
Eles puderam honrar seus ancestrais.
Eles viam sua linhagem como uma bênção de família.
Eles sentiam tendências de dons e chamados ancestrais.
Eles podiam manter sua identidade mesmo quando exilados.

Bíblia da liderança cristã

A PROMESSA DE DEUS AOS LÍDERES

Como é feliz o homem que me ouve, vigiando diariamente à minha porta, esperando junto às portas da minha casa. Pois todo aquele que me encontra, encontra a vida e recebe o favor do SENHOR.

Provérbios 8:34,35

A PROMESSA DE UM LÍDER À EQUIPE

Vocês são importantes para mim, para esta equipe e para a nossa missão. Eu quero ouvir o que vocês têm a dizer. Eu escutarei.

SEMANA 36

OUÇA

Depois do terremoto houve um fogo, mas o SENHOR não estava nele. E depois do fogo houve o murmúrio de uma brisa suave. Quando Elias ouviu, puxou a capa para cobrir o rosto, saiu e ficou à entrada da caverna. E uma voz lhe perguntou: "O que você está fazendo aqui, Elias?"

1 Reis 19:12,13

Alguém uma vez perguntou a Joana D'Arc por que Deus falava apenas a ela. Ela respondeu: "O senhor está enganado. Deus fala a todo mundo. Eu apenas escuto."

Quando Deus falou a Samuel, foi quando o menino estava deitado quieto no meio da noite. Mesmo então, Samuel não reconheceu inicialmente que a voz pertencia a Deus. Ele precisava da sabedoria de seu mentor experientc, Eli, para entender quem estava se comunicando com ele. No entanto, por ter ouvido a voz de Deus repetidas vezes quando adulto, é claro que Samuel aprendeu a identificar, ouvir e obedecer a essa voz.

Líderes costumam ser pessoas muito ocupadas. E podem facilmente se atrapalhar na atividade de suas obrigações. Se você é um líder, é por isso que é importante separar alguns momentos para se recolher e ouvir a orientação de Deus.

21 minutos de poder na vida de um líder

Quando um líder fala

Quando alguém faz uma pergunta em uma reunião, quem as pessoas procuram para a resposta? Essa pessoa é o verdadeiro líder.

Identificar um líder de verdade pode ser fácil se você lembrar o que está procurando. Não escute o que clama a pessoa que professa ser o líder. De fato, observe as reações das pessoas ao redor. A prova da liderança é encontrada nos seguidores. As pessoas escutam o que alguém tem a dizer não necessariamente por causa da mensagem, mas por causa do respeito pelo mensageiro.

Então eu devo lhe perguntar o seguinte: como as pessoas reagem quando você fala? Quando você fala, as pessoas realmente ouvem? Ou elas esperam para ouvir o que outra pessoa tem a dizer antes de agirem? Você pode descobrir muito sobre o seu nível de liderança se tiver a coragem de fazer essas perguntas e respondê-las.

As 21 irrefutáveis leis da liderança

Para falar, escute. Por uma semana inteira, os amigos de Jó simplesmente sentaram-se com ele e ouviram (Jó 2:11-13). Perceberam uma verdade importante: as pessoas não perdem a intimidade quando param de falar, mas quando param de ouvir. Líderes raramente percebem quanto seu ouvir dá poder a outra pessoa. Como são líderes, o simples fato de ouvir diz muita coisa que nem mesmo um grande discurso pode comunicar.

Bíblia da liderança cristã

Fale com o seu líder

O rei se agrada dos lábios honestos,
e dá valor ao homem que fala a verdade.

Provérbios 16:13

Bons líderes de equipes nunca querem homens que só dizem sim. Precisam de comunicação honesta e direta de seu pessoal. Eu sempre encorajei as pessoas na minha equipe a falar aberta e diretamente comigo. Nossas reuniões muitas vezes são sessões de *brainstorming* onde a melhor idéia vence. Muitas vezes, os comentários ou observações de um membro da equipe realmente são úteis. Às vezes, discordamos. Tudo bem, porque já desenvolvemos relacionamentos fortes o bastante para sobreviver a conflitos. Botar tudo sobre a mesa sempre melhora a equipe. A última coisa que eu quero ouvir de um colega de equipe é: "Eu fiquei quieto, mas sabia que isso não ia funcionar." Se você sabe com antecedência, essa é a hora de dizê-lo.

Além da sinceridade, a outra qualidade que os membros da equipe precisam demonstrar quando se comunicam com os líderes é o respeito. Liderar uma equipe não é fácil. Requer tomar decisões duras e às vezes impopulares. Devemos respeitar as pessoas que assumem funções de liderança e mostrar a eles lealdade.

As 17 incontestáveis leis do trabalho em equipe

Esta semana: Pare para ouvir — ouvir de verdade — vários dos membros-chave da sua equipe. Se eles não estão vindo falar com você, faça-lhes perguntas sobre alguma coisa. Depois se pergunte por que não vieram a você antes. Você é um bom ouvinte? As pessoas realmente ouvem você em reuniões ou ouvem mais alguma outra pessoa?

A PROMESSA DE DEUS AOS LÍDERES

Mas aqueles que esperam no SENHOR
renovam as suas forças. Voam alto como águias;
correm e não ficam exaustos; andam e não se cansam.

Isaías 40:31

A PROMESSA DE UM LÍDER À EQUIPE

Eu administrarei meu tempo da melhor forma possível. Eu me esforçarei para tomar decisões para melhor beneficiar a equipe.

SEMANA 37

APROVEITE SEU TEMPO AO MÁXIMO

Mostra-me, SENHOR, o fim da minha vida e o número dos meus dias, para que eu saiba quão frágil sou. Deste aos meus dias o comprimento de um palmo; a duração da minha vida é nada diante de ti. De fato, o homem não passa de um sopro.

Salmo 39:4,5

No Salmo 90, Davi mostra sua consciência de seu breve tempo na Terra. Ele pede a Deus para lhe ajudar a contar seus dias, o que deve ser a oração de todo líder. Líderes sábios trabalham para redimir o tempo que têm.

Um líder precisa decidir se a tarefa vale o investimento de tempo. O que aconteceria se não se preocupasse com isso? Existe outra pessoa que também poderia tomar essa decisão, e para quem a tarefa seria tempo mais bem gasto? Um bom líder sabe que o tempo é como ouro, e gerenciá-lo bem é essencial. Só que, nesse caso, as unidades são minutos, e não dólares.

Se você não sabe para onde vai seu tempo, esse é um sinal de perigo. Se você pode economizar pequenos pedaços de tempo e consolidá-los em um bloco a ser gasto em algo que valha a pena — isso é como "dinheiro achado na rua". Se os líderes podem quantificar seus minutos e horas, "quantificar os dias" será mais fácil.

Bíblia da liderança cristã

Faça a coisa certa na hora certa

Bons líderes entendem que timing é tudo. Neemias começou a orar pelos muros destruídos de Jerusalém em dezembro, mas só em abril abordou o rei para reconstruí-las. O que ele estava esperando?

Ninguém sabe ao certo, mas Neemias pode ter estado esperando por...

1. Sua posse da visão e fardo.
2. Um alicerce de orações a ser construído.
3. Sua própria prontidão com um plano.
4. O estado mental e emocional do rei.
5. A estação em que poderia se mudar rapidamente.
6. Confiança aprofundada entre ele e o rei.

Então, quando Neemias finalmente levou seu plano ao rei, recebeu uma resposta positiva e saiu para se mostrar um líder formidável, realizando a tarefa.

Moisés sentiu-se cansado das reclamações, da estagnação e da falta de progresso entre seu povo. Estava esvaziando-se. E em sua condição enfraquecida tomou uma decisão que lhe custou seu futuro na Terra Prometida (Números 20:12). Esse triste incidente nos ensina pelo menos duas lições. Primeiro, nunca tome uma grande decisão durante um período de baixa emocional. Segundo, escolha ser proativo, não reativo, em sua liderança. Pegue as dicas de Deus e a missão que ele lhe deu. Faça-se estas perguntas:

1. Sou um reator ou criador quando lidero?
2. Fico na defensiva ou na ofensiva quando lidero?
3. Agrado às pessoas ou a Deus quando lidero?
4. Eu mando no meu calendário, ou outra pessoa escolhe aonde vai meu tempo?

Bíblia da liderança cristã

Proteja-se dos preguiçosos

O preguiçoso não ara a terra na estação própria;
mas na época da colheita procura, e não acha nada.

Provérbios 20:4

O rei Salomão tinha muito a dizer sobre os "preguiçosos". O único compromisso do preguiçoso é com seu lazer. Ele evita o trabalho honesto. Não contribui em nada com o mundo; em vez disso, apenas rouba alguns de seus recursos. Quando líderes se tornam preguiçosos e perdem sua diligência em servir a Deus, eles se tornam preguiçosos espirituais e inúteis para o reino.

Líderes sábios sabem que seu tempo é limitado. Sabem que não existe jeito de recuperar tempo mal usado ou desperdiçado (João 9:4). Líderes no corpo de Cristo devem permanecer diligentes em fazer o bem e em encorajar os outros a fazer o mesmo.

Bíblia da liderança cristã

Esta semana: Como você sabe quando agir na liderança? Como perguntar na hora certa aumenta sua chance de sucesso? Leia o capítulo 3 de Eclesiastes, que começa com a famosa frase: "Para tudo há uma ocasião certa... Tempo de nascer e tempo de morrer." Considere também como a passagem acaba: "O justo e o ímpio, Deus julgará ambos, pois há um tempo para todo propósito, um tempo para tudo o que acontece" (v. 17). O seu uso do tempo é justo ou ímpio?

A PROMESSA DE DEUS AOS LÍDERES

Confie no SENHOR e faça o bem; assim você habitará na terra e desfrutará segurança. Deleite-se no SENHOR, e ele atenderá aos desejos do seu coração.

Salmo 37:3,4

A PROMESSA DE UM LÍDER À EQUIPE

Eu manterei meu caráter, terei responsabilidade pelas minhas decisões e consistentemente tentarei fazer a coisa certa. Não vou fingir ser perfeito, mas vou demonstrar ser confiável e digno de sua confiança.

SEMANA 38

PASSE NO TESTE DA VERDADE

*O governante sem discernimento aumenta as opressões,
mas os que odeiam o ganho desonesto prolongarão o seu governo.*

Provérbios 28:16

Hoje, muitos estão desesperados por líderes, mas querem ser influenciados por alguém em quem confiem, uma pessoa de bom caráter. Se você quer se tornar uma influência positiva para outras pessoas:

Modele consistência de caráter. Confiança sólida só pode ser desenvolvida quando as pessoas podem confiar em você o tempo todo.

Empregue comunicação honesta. Para ser confiável, você deve ser como uma boa composição musical; suas palavras e composições devem complementar-se.

Valorize a transparência. Se você é honesto com as pessoas e admite suas fraquezas, é apreciado por sua honestidade. E os outros estarão aptos para se relacionar melhor com você.

Dê exemplo de humildade. As pessoas não confiarão em você se perceberem o tamanho de seu ego, demonstrações de ciúme ou a crença de que você é melhor do que elas.

Demonstre seu apoio a outros. Nada se desenvolve ou mostra seu caráter melhor do que seu desejo de colocar outros em primeiro lugar.

Preencha suas promessas. Um dos modos mais rápidos de quebrar a confiança nos outros é falhar em cumprir compromissos.

Becoming a Person of Influence [Tornando-se uma pessoa influente]

Aceite a responsabilidade da confiança de um líder

Um líder pode delegar tudo, menos responsabilidade. Não pode deixá-la de lado. Pode modelar, ensinar, dividir. Mas, nas palavras de Harry Truman, a resistência acaba no líder. É especialmente em tempos de crise que encontramos a qualidade de um líder.

1. *Desistentes* desaparecem e falham com suas responsabilidades.
2. *Desertores* dão desculpas sobre sua falta de responsabilidade.
3. *Resistentes* demoram muito para ter responsabilidade.
4. *Entusiastas* possuem responsabilidade e tomam atitude.

Seja um bom seguidor. Antes de Davi se tornar rei, ele mostrou respeito pelo seu predecessor (1 Samuel 26:9). Saul falhou em praticar esse princípio e perdeu seu reinado. A Bíblia fornece um contraste vívido entre a liderança de Saul e Davi.

Saul	Davi
Pensava mais em si mesmo desde o início.	Mostrou confiança em Deus desde o início.
Adiantou-se para o cargo de pastor.	Não assumiu nenhum direito ou privilégio.
Desobedeceu a Deus nas coisas pequenas.	Obedeceu a Deus nas coisas pequenas.
Perdeu a integridade encobrindo seu pecado.	Manteve integridade respeitando Saul.
Não se submeteu à autoridade dada por Deus.	Submeteu-se consistentemente à autoridade.
Estava preocupado com sua própria fama.	Desejou aumentar a reputação de Deus.

Bíblia da liderança cristã

Destruidor de confiança

Sansão aprendeu da pior forma que a confiança fornece a fundação para todas as lideranças genuínas. Esse impetuoso, volátil, luxurioso, temperamental, emocional e imprevisível homem fornece um bom exemplo de um líder ruim. Porque ninguém poderia confiar nele, ninguém seguiu sua liderança (Juízes 15:11,12).

Líderes que destroem a solidez da confiança da liderança normalmente exibem um ou mais sinais — Sansão mostrou todos eles. Líderes em apuros...

1. Não conseguem confrontar defeitos graves de caráter.
2. Contam com ilusões para se salvaguardar.
3. Agem impulsivamente.
4. São tomados por uma área de fraqueza.
5. Fazem mau uso dos poderes dados por Deus.

A natureza egoísta, rebelde e arrogante de Sansão o tornou um líder ineficiente.

Bíblia da liderança cristã

Esta semana: Considere a confiança do Líder Definitivo. Deus espera que você o obedeça. Por quê? Por que sua palavra não nos deixa apenas limpos — ou santos — perante ele, mas também nos protege para bênçãos mais amplas. O Pai sempre sabe o que é melhor para nós e para nosso relacionamento com ele. "*Se vocês seguirem os meus decretos e obedecerem aos meus mandamentos, e os colocarem em prática, eu lhes mandarei chuva na estação certa, e a terra dará a sua colheita e as árvores do campo darão o seu fruto... Andarei entre vocês e serei o seu Deus, e vocês serão o meu povo.*" (Levítico 26:3,4,12).

A PROMESSA DE DEUS AOS LÍDERES

Eu sou o SENHOR que sonda o coração e examina a mente, para recompensar a cada um de acordo com a sua conduta, de acordo com as suas obras.

Jeremias 17:10

A PROMESSA DE UM LÍDER À EQUIPE

Eu reconheço que os pequenos problemas do meu coração podem fazer uma grande diferença em nosso sucesso ou nossa derrota; assim, protejo meu coração para o manter alinhado com meus valores.

SEMANA 39

AS PESSOAS SEGUIRÃO O LÍDER

Fez o que o SENHOR reprova, andando nos caminhos de Jeroboão e nos pecados que ele tinha levado Israel a cometer.

1 Reis 15:34

Habilidade de liderança é a limitação no sucesso de uma nação ou organização. Quando Israel ou Judá viviam sob bons reis, as coisas iam bem. Quando viviam sob maus reis, as coisas iam mal. O coração e a habilidade de um líder irá afetar tremendamente a vida das pessoas que estiverem nessa liderança. Isto é uma lei, atemporal e universal. Veja como essa lei jogou com os reis hebreus do Velho Testamento.

Bons Reis

1. Atraíam lealdade de seu povo.
2. Apreciavam a vitória sobre o pecado.
3. Apreciavam a paz no reino.
4. Eram afirmados pelos profetas de Deus.
5. Curtiam a prosperidade.
6. Opunham-se ao mal.

Maus Reis

1. Atraíam rebeliões de seu povo.
2. Viam seu povo como escravo.
3. O reino sofria grande perturbação.
4. Eram desaprovados pelos profetas de Deus.
5. Sempre eram atingidos por desastres naturais e guerra.
6. Opunha-se aos bons reis.

Bíblia da liderança cristã

Diferenças que fazem a diferença

Por que Davi conseguiu enfrentar Golias quando o exército de Israel recuava de medo? Porque, com os detalhes seguintes, ele se diferenciava dos outros:

1. *Perspectiva.* Ele enxergou oportunidades.
2. *Métodos.* Ele decidiu usar armas que sabia que iriam funcionar.
3. *Convicção.* Ele ouviu as ameaças de Golias contra o Deus de Israel e ele sabia que Deus poderia derrotá-lo.
4. *Visão.* Ele quis que Jeová fosse conhecido no mundo como o Deus mais poderoso na Terra.
5. *Experiência.* Ele trouxe ao campo de batalha vitórias passadas com leões e ursos, não momentos de medo paralisante.
6. *Atitude.* Ele viu Golias não como uma ameaça grande para ser atingida, mas um alvo muito grande para se perder.

Mentiras desqualificam o líder mais do que os erros. Davi escreveu o Salmo 51 logo após cometer adultério com Bate-Seba e matar Urias (2 Samuel 11). Quando Natã o confrontou com seu pecado (2 Samuel 12), o rei publicamente procurou a devolução, então Deus o permitiu ficar até ele morrer. Líderes que não se recuperam após uma falha — ou só o fazem em público — freqüentemente perdem sua posição. A história ensina que as pessoas sempre perdoam líderes que têm consciência de seus erros, mas as pessoas se recusam a perdoar líderes que não se arrependem.

Bíblia da liderança cristã

Liderança na economia de Deus

Alguns líderes permanecem em posições de poder e mantêm um senso de missão. Outros buscam liderança meramente para ter poder sobre os outros e se sentir superiores. Normalmente não leva muito tempo para se determinar que tipo de líder você tem. A autoridade que os líderes recebem não se destina a progressos pessoais, como autodesenvolvimento, aumento de renda, melhoria do status social ou das condições de vida. Em primeiro lugar, eles são sempre servos de outros. Esta idéia é bíblica:

Economia Humana	Economia de Deus
1. Busca de poder e prestígio.	1. Busca de amor e serviço ao próximo.
2. Aumento de poder e status do líder.	2. Melhora da condição das pessoas.
3. Os outros são vistos como inimigos e competidores.	3. Os outros são vistos como irmãos que se complementam.
4. A motivação é remover ou eliminar a oposição.	4. A motivação é encontrar necessidades e fazer crescer a causa.
5. O resultado: o líder é glorificado.	5. O resultado: Deus é glorificado.

Bíblia da liderança cristã

Esta semana: Reflita sobre sua equipe. Olhando para eles, você diria que é um bom rei? Como você está colaborando para que sua equipe seja um exército de Davi? Você está culpado por alguma decepção? Qual seu "status econômico" de acordo com Deus?

A PROMESSA DE DEUS AOS LÍDERES

Deus não é injusto; ele não se esquecerá do trabalho de vocês e do amor que demonstraram por ele, pois ajudaram os santos e continuam a ajudá-los. Queremos que cada um de vocês mostre essa mesma prontidão até o fim, para que tenham a plena certeza da esperança, de modo que vocês não se tornem negligentes, mas imitem aqueles que, por meio da fé e da paciência, recebem a herança prometida.

Hebreus 6:10-12

A PROMESSA DE UM LÍDER À EQUIPE

Eu não apenas supervisionarei nossa missão; vou participar dela até o fim e os ajudarei nisso.

SEMANA 40

A PERSISTÊNCIA COMPENSA

Quando os nossos inimigos descobriram que sabíamos de tudo e que Deus tinha frustrado a sua trama, todos nós voltamos para o muro, cada um para o seu trabalho.

NEEMIAS 4:15

Um dos grandes testes de liderança é como você lida com a oposição. Neemias encarou as táticas de praxe da oposição — ridicularização, resistência e rumores de inimigos externos, em conjunto com disputas internas por alimentos, propriedade e taxas — mas preparou as respostas certas para todos esses desafios ao...

- Confiar em Deus.
- Respeitar a oposição.
- Reforçar os pontos fracos dele.
- Apoiar as pessoas.
- Recusar-se a desistir.
- Renovar o poder das pessoas continuamente.

A persistência é o último instrumento de nossa liderança; o segredo é sobreviver às críticas. Neemias ensinou-nos essa lição ao se manter fiel a seu chamado definitivo.

Bíblia da liderança cristã

A vontade de fazer o que é certo

Disciplina é fazer o que você realmente não quer fazer, para que possa ficar livre e fazer o que realmente quer. É pagar o preço nas coisas pequenas para comprar as maiores. Líderes disciplinados devem ter...

1. *Pensamento disciplinado.* Mantenha sua mente ativa e regularmente. Aceite desafios mentais para desenvolver disciplina, crendo que isso o ajudará em ações futuras.

2. *Emoções disciplinadas.* Você deve dominar suas emoções ou elas vão dominar você. Não deixe que o impeçam de fazer o que deve ou o levem a fazer o que não deve.

3. *Ações disciplinadas.* As ações separam os vencedores dos perdedores. Suas ações sempre refletem seu grau de disciplina.

The 17 Essential Qualities of a Team Player
[As 17 qualidades essenciais de um jogador de equipe]

Pague agora, jogue mais tarde. Quando o assunto é autodisciplina, as pessoas fazem uma escolha crucial: ou se decidem pela dor da disciplina, que vem do sacrifício do crescimento, ou elas escolhem a dor das lamentações, que vêm quando pegamos o caminho mais fácil e perdemos oportunidades. Cada pessoa na vida escolhe. A cada pessoa no planeta é dada a mesma porção de tempo no dia. Mas o nível de autodisciplina de cada pessoa dita o quão efetivamente aqueles minutos são usados. Pessoas disciplinadas maximizam o uso do tempo.

Developing the Leaders Around You
[Desenvolvendo os líderes à sua volta]

O CAMINHO MAIS LONGO É UM ATALHO

Um dos obstáculos mais comuns para o sucesso é o desejo de cortar caminho. Mas os atalhos nunca compensam a longo prazo.

Se você acha que se rende continuamente a seus humores ou impulsos, precisa mudar de método. Cortar caminho é de fato um sinal de impaciência e de uma autodisciplina pobre. Mas, se estiver disposto a seguir pelo caminho, pode fazer grandes descobertas. O melhor método é definir padrões confiáveis. Sofrer conseqüências por tentar enveredar por atalhos o ajuda a manter-se na linha. Quando definir seus padrões no lugar, trabalhe de acordo com eles, não com seus humores. Isso o manterá no caminho certo. Autodisciplina é uma qualidade que se ganha através da prática.

Failing Forward [Aprendendo com os erros]

ESTA SEMANA: Faça uma lista de afazeres razoáveis com metas para a semana envolvendo sua vida profissional e sua vida pessoal. No fim da semana, verifique o que conquistou. Por que algumas coisas acontecem e outras não? Você consegue enxergar áreas onde um pouco mais de disciplina poderia ajudar? Que degraus poderia subir para melhorar?

A PROMESSA DE DEUS AOS LÍDERES

Como são felizes aqueles que escolhes e trazes a ti, para viverem nos teus átrios! Transbordamos de bênçãos da tua casa, do teu santo templo!

Salmo 65:4

A PROMESSA DE UM LÍDER À EQUIPE

Eu não tomarei decisões precipitadas, mas selecionarei cuidadosamente as pessoas que incluo em nossa equipe. Considerarei as necessidades e opiniões da equipe, e não apenas as minhas.

SEMANA 41

ESCOLHA AS PESSOAS CERTAS

Irmãos, escolham entre vocês sete homens de bom testemunho, cheios do Espírito e de sabedoria. Passaremos a eles essa tarefa.

ATOS 6:3

Red Auerbach, por muito tempo presidente dos Boston Celtics, afirmou: "Como você escolhe as pessoas é mais importante do que como você as administra depois que estão na função. Se você começar com as pessoas certas, não terá problemas mais adiante." Você tem que começar com a matéria-prima certa para criar uma equipe vencedora.

Eu quero que cada pessoa próxima a mim...

Conheça meu coração. Isso leva tempo para nós dois e exige vontade da parte deles.

Seja leal a mim. Eles são uma extensão de mim e do meu trabalho.

Seja digna de confiança. Eles não devem abusar de autoridade, poder nem confidências.

Tenha discernimento. Eles tomam decisões por mim.

Tenha o coração de um servo. Eles carregam um fardo pesado por causa das minhas altas exigências.

Seja um bom pensador. Nossas duas cabeças pensam melhor do que a minha.

Consiga ir até o fim. Eles tomam autoridade e executam a visão.

Tenha um grande coração para Deus. Meu coração para Deus é a força motora na vida.

Developing the Leaders Around You [Desenvolvendo os líderes à sua volta]

Um investimento para o futuro

A maioria das pessoas reconhece que investir em uma equipe traz benefícios a todos. Aqui vão dez passos a dar para investir na sua equipe:

1. Decida montar uma equipe.
2. Consiga a melhor equipe possível.
3. Pague o preço para desenvolver a equipe.
4. Façam coisas juntos como uma equipe.
5. Delegue aos membros responsabilidade e autoridade.
6. Dê crédito pelo sucesso à equipe.
7. Observe se o investimento na equipe está compensando.
8. Pare de investir em jogadores que não crescem.
9. Crie novas oportunidades para a equipe.
10. Dê à equipe a melhor chance possível de vencer.

Uma das grandes verdades sobre o investimento em uma equipe é que o alto retorno pelo esforço é praticamente garantido, pois uma equipe pode fazer muito mais do que indivíduos. Ou, como declarou Rex Murphy, um dos participantes das minhas conferências: "Onde há o desejo, existe um jeito; onde há uma equipe, existe mais do que um jeito."

As 17 incontestáveis leis da liderança

Recrute pessoas que aproveitam oportunidades. As melhores pessoas para levar com você na jornada de liderança não ficam sentadas esperando oportunidades, mas tomam para si a responsabilidade de sair e encontrá-las. Bons líderes potenciais não confiam na sorte. Das pessoas à sua volta, quem sempre parece conseguir reconhecer oportunidades e agarrá-las?

Cuide daqueles próximos a você

Um pouco antes da festa da Páscoa, sabendo Jesus que havia chegado o tempo em que deixaria este mundo e iria para o Pai, tendo amado os seus que estavam no mundo, amou-os até o fim.

João 13:1

Se você lidera seu time, você é responsável por garantir que estão entrando jogadores melhores do que os que estão saindo. Uma das maneiras de facilitar o processo é valorizar ao máximo quem já está no time. Todo time tem três tipos de jogadores:

Iniciantes que agregam valor diretamente à organização ou influenciam diretamente seu curso.

Jogadores reservas que agregam valor à organização indiretamente ou apóiam os iniciantes que o fazem.

Membros do círculo, um grupo central dentro dos iniciantes; e sem eles o time desmoronaria.

Seu trabalho é garantir que cada grupo seja continuamente desenvolvido de modo que os jogadores de banco possam se tornar iniciantes, e iniciantes possam se tornar membros do círculo. Se o seu tratamento com as pessoas-chave não corresponder a seu valor, você corre o risco de perdê-las.

The 17 Indisputable Laws of Teamwork
[As 17 leis irrefutáveis do trabalho em equipe]

Esta semana: Quem são seus iniciantes, jogadores de banco e membros do círculo? Essas pessoas estão cientes de sua importância? Você fez algum mau investimento ao adicioná-lo ao time? O que você pode fazer para minimizar as perdas ou até mesmo virar tudo para conseguir algum ganho? Que benefícios cada pessoa traz ao time? Que desvantagens?

A PROMESSA DE DEUS AOS LÍDERES

E se você andar segundo a minha vontade, com integridade de coração e com retidão, como fez o seu pai Davi, se fizer tudo o que eu lhe ordeno, obedecendo aos meus decretos e às minhas ordenanças, firmarei para sempre sobre Israel o seu trono, conforme prometi a Davi, seu pai, quando lhe disse: Nunca lhe faltará descendente para governar Israel.

1 Reis 9:4-6

A PROMESSA DE UM LÍDER À EQUIPE

Eu ensinarei a meus sucessores o que sei.
A liderança não acaba comigo.

SEMANA 42

PREPARE SEU SUCESSOR

Também juntaram-se a [Davi] todos os que estavam em dificuldades, os endividados e os descontentes; e ele se tornou o líder deles. Havia cerca de quatrocentos homens com ele.

I SAMUEL 22:2

Os homens que Davi atraiu enquanto escapava de Saul eventualmente se tornaram como ele. Alguns até mesmo mataram gigantes, como ele — mostrando que você reproduz o que você é. Observe o que Davi nos ensina sobre a liderança:

1. Davi atraiu homens mesmo sem buscá-los.
2. Davi obteve lealdade profunda deles sem nunca tentar.
3. Davi transformou esses homens sem desenganá-los de seu estado inicial.
4. Davi lutou ao lado desses homens e transformou-os em vencedores.

Considere os feitos magníficos de alguns desses homens. 2 Samuel 23:8 nos diz que Adino matou oitocentos homens com uma lança em uma batalha (v. 8); Eleazar lutou com o inimigo até sua mão ficar dormente e grudar na espada (vv. 9,10); Samá defendeu uma plantação contra um exército inimigo (vv. 11, 12). Davi atraiu homens como ele — almas em sofrimento. Ele também reproduziu homens como ele — guerreiros e conquistadores.

Bíblia da liderança cristã

Crie um ambiente para líderes em desenvolvimento

Podemos concluir da lista de guerreiros que se juntaram a Davi em Ziclague que sua equipe comum era diversa, leal e sedenta de vitória (1 Crônicas 12:38). Então o que Davi fez para reproduzir sua liderança neles?

1. *Ele era aberto.* Os modos de Davi atraíram centenas de desajustados para servi-lo. Davi aceitava qualquer um.

2. *Ele se virava.* Davi aproveitava todas as situações ao máximo. Ele conseguiu fazer com que sua equipe se tornasse tudo que poderia se tornar e capacitou-a a vencer.

3. *Ele recompensava as pessoas.* Davi rapidamente compartilhava tanto recompensas quanto reconhecimento pela vitória. Ele afirmava seus homens e os motivava com palavras de encorajamento e espólios de batalha.

4. *Ele era respeitável.* Davi modelava um estilo de liderança que os outros queriam imitar. Tanto amigos quanto inimigos o respeitavam igualmente.

Um líder passa o bastão adiante. O rei Davi estava determinado a garantir seu legado preparando o próximo líder, Salomão, e comprometendo-o aos cuidados de Deus (1 Crônicas 28,29). Veja o que ele fez:

1. Reuniu todo o povo.
2. Afirmou a escolha de Deus de seu sucessor.
3. Identificou uma grande necessidade de ajuda.
4. Lembrou o povo de seu próprio comprometimento.
5. Declarou que as pessoas estavam a caminho de seu objetivo.
6. Pediu compromisso.

Bíblia da liderança cristã

Transições de liderança podem ser complicadas

Transições de liderança muitas vezes causam problemas significativos para grupos e organizações.

Salomão teve que tomar algumas decisões de liderança difíceis mas cruciais no começo de seu reinado. Primeiro, teve que lidar com homens que estavam buscando tomar o poder — um de seus irmãos, Adonias, chegou a tentar montar seu próprio reino (1 Reis 1:5). Salomão discerniu a lealdade de seus asseclas, um a um, depois removeu todos os que se recusaram a cooperar com ele.

Salomão sabia que nunca poderia trabalhar com renegados, não importava quão influentes ou estratégicos pudessem parecer. O jovem rei garantiu que seu círculo incluiria apenas homens leais que quisessem trabalhar com ele.

Davi tinha enxergado no horizonte esses problemas. Sabia que estava colocando seu sucessor em uma situação precária de liderança, mas declarou confiantemente que Salomão saberia o que fazer. Davi entendeu que aqueles mais próximos a Salomão impediriam ou melhorariam fortemente seu nível de sucesso. Salomão entendia a mesma coisa — e agiu sabiamente.

Bíblia da liderança cristã

Esta semana: Seu predecessor ou superior confirmou a sua liderança? Como você confirma seus sucessores ou outros membros de equipe? Sua equipe está preparada para uma transição?

A PROMESSA DE DEUS AOS LÍDERES

Portanto, não se preocupem, dizendo: 'Que vamos comer?' ou 'Que vamos beber?' ou 'Que vamos vestir?' Pois os pagãos é que correm atrás dessas coisas; mas o Pai celestial sabe que vocês precisam delas. Busquem, pois, em primeiro lugar o Reino de Deus e a sua justiça, e todas essas coisas lhes serão acrescentadas.

Mateus 6:31-33

A PROMESSA DE UM LÍDER À EQUIPE

Eu não deixarei detalhes e situações menos significantes nos impedirem de atingir nosso objetivo principal.

SEMANA 43

PRIORIZE SUA VIDA

Eu te glorifiquei na terra, completando
a obra que me deste para fazer.

JOÃO 17:4

Quando Pedro era um jovem pescador na Galiléia, ninguém teria imaginado que ele estava destinado a se tornar o líder apaixonado de um movimento mundial. Afinal de contas, ele quase não tinha estudos e provavelmente teria ficado feliz de passar o resto de sua vida no obscurantismo. Mas Deus tinha outra coisa em mente, e quando Pedro conheceu Jesus, suas prioridades começaram a mudar.

Como muitos líderes, Pedro teve que aprender como botar as coisas mais importantes em primeiro lugar. Na verdade, a Escritura revela muito sobre as inconsistências de seu comportamento e suas muitas decisões irracionais. Mas, quanto mais tempo Pedro passava com Jesus, mais ele aprendia a diferença entre mera atividade e atingir objetivos.

Como Pedro, grandes líderes peneiram as muitas coisas que demandam seu tempo, e discernem não só o que precisa ser feito primeiro, mas também o que não precisa ser feito. Isso começa com uma paixão pela excelência. Quando você foca sua paixão no que é mais importante, sua liderança sobe a novas alturas.

21 minutos de poder na vida de um líder

Quando suas prioridades estão certas

Todo líder deve estabelecer uma lista de prioridades, e depois colocar as coisas mais importantes em primeiro lugar. Quando Salomão se tornou rei de Israel, recebeu a oportunidade de pedir qualquer coisa a Deus (2 Crônicas 1:7-12). Sem dúvida, o rei Salomão encarou as mesmas opções que temos hoje:

1. *Primeiro as coisas fáceis.* Ele poderia ter escolhido se focar nas tarefas fáceis diante dele.
2. *Primeiro as coisas divertidas.* Ele poderia ter escolhido se focar em riquezas ou fama.
3. *Primeiro as coisas urgentes.* Ele poderia ter pedido ajuda para construir seu templo.
4. *Primeiro as coisas difíceis.* Ele poderia ter buscado favorecimento com aqueles que não gostavam dele.
5. *Primeiro as coisas mais importantes.* Em vez disso, ele escolheu buscar sabedoria para que pudesse glorificar a Deus.

Priorize o essencial. Moisés tenta isso em Deuteronômio 6:5-7, lembrando os israelitas de que sua existência gira em torno de amar a Deus. Ele também diz a líderes de família como comunicar a verdade a seus filhos. Reggie Joiner anota os princípios que Moisés desenvolve:

1. Relacionamentos vêm antes de regras.
2. A verdade deve estar em você antes de estar neles.
3. Cada dia oferece oportunidades naturais para ensinar.
4. A repetição é o melhor amigo do professor.

Faça uso de todas essas oportunidades. Decida as questões que você pode discutir e faça perguntas. Ore sobre as suas prioridades mais tarde.

Bíblia da liderança cristã

Escolha conquistas em vez de afirmação

Se você quer causar impacto durante a sua vida, você deve trocar os elogios que poderia receber pelas coisas de valor que você pode conquistar.

Um amigo uma vez me forneceu uma ilustração muito boa desse conceito. Ele contou que, ao pegar caranguejos, as pessoas os jogam em uma cesta. Se você tiver apenas um caranguejo na cesta, você precisa de uma tampa para impedi-lo de sair, mas, se tiver dois ou mais, não precisa. Quando há vários caranguejos, eles puxam uns aos outros para baixo para que nenhum consiga escapar.

Quem não obteve sucesso muitas vezes age da mesma forma, impedindo os outros de progredirem. Mas a boa notícia é que, se você observar alguém tentando fazer isso, você não precisa fazer parte desse sistema de crenças. Você pode sair e permanecer fora da cesta, recusando-se a ser um caranguejo.

Your Road Map for Success [Seu mapa para o sucesso]

Esta semana: Em suas interações com as pessoas, pergunte a si mesmo: "Para qual prioridade isto está servindo? A importância dos relacionamentos? O valor do nosso trabalho? O crescimento da nossa fé? Outro?" Se a interação não estiver servindo a uma prioridade, o que você acha que deve fazer a respeito?

A PROMESSA DE DEUS AOS LÍDERES

Pois Deus não nos deu espírito de covardia, mas de poder, de amor e de equilíbrio.

2 Timóteo 1:7

A PROMESSA DE UM LÍDER À EQUIPE

Eu não deixarei o medo me impedir de tomar decisões. Eu prefiro criar novos caminhos a deixar que o *status quo* se torne nosso cemitério.

SEMANA 44

ARRISQUE A GRANDEZA

Portanto, se alguém está em Cristo, é nova criação.
As coisas antigas já passaram; eis que surgiram coisas novas!

2 Coríntios 5:17

Status quo é a expressão em latim para "a bagunça em que estamos". Líderes enxergam não só a realidade, mas também as potencialidades. Nunca estão satisfeitos com as coisas como estão. Liderar, por definição, é estar na frente, preparando novos caminhos, conquistando novos mundos, afastando-se do *status quo*.

Insatisfação com o *status quo* não significa adotar uma má atitude nem resmungar, mas sim dispor-se a ser diferente e correr riscos. Quem se recusa a mudar deixa de crescer. Um líder que ama o *status quo* logo se torna um seguidor. Raymond Smith, da Bell Atlantic Corporation, declarou: "Administradores são fáceis de encontrar e baratos de se manter. Líderes — que arriscam — estão em falta. E líderes com visão valem ouro."

O risco parece perigoso para muitos que estão mais confortáveis com os problemas antigos do que com as exigências para a criação de novas soluções. A diferença é atitude. Quando você buscar potenciais líderes, busque pessoas que busquem soluções.

Developing the Leaders Around You
[Desenvolvendo os líderes à sua volta]

Liderança segura

O Salmo 91 é um dos capítulos mais reconfortantes na Bíblia. Descreve a segurança que os cristãos podem sentir através da fé em Deus. Líderes podem especialmente se beneficiar dessas promessas. Estude-as e aproveite-as:

A Promessa de Deus	O Benefício do Líder
1. A presença dele.	1. O topo não tem que ser solitário.
2. A proteção dele.	2. Deus mantém você seguro quando você toma iniciativa e riscos.
3. A paz dele.	3. Você não tem que se sentir inseguro em território desconhecido.
4. A perspectiva dele.	4. Deus dá uma visão eterna da vida que mantém você firme.
5. A provisão dele.	5. Independentemente das suas necessidades, Deus as provê.
6. O poder dele.	6. Na adversidade, Deus liberta você e o ajuda a atingir seu objetivo.

Segurança é o alicerce. Devemos nos sentir seguros até mesmo quando as pessoas param de gostar de nós, quando os fundos se esgotam, quando o moral cai ou quando os outros nos rejeitam. Se não nos sentirmos seguros, o medo eventualmente nos fará sabotar nossa liderança. Davi tinha encoberto seus pecados depois de seu caso com Bate-Seba, então Natã teve que se sentir completamente seguro em seu plano de confronto (2 Samuel 12:9). Em Deus, temos toda razão para nos sentirmos seguros como líderes.

Bíblia da liderança cristã

Troque seus medos por fé em Deus

Manter-se submisso envolve remover orgulho e auto-suficiência inapropriados e construir uma dependência segura de Deus. Deus domou a auto-suficiência de Moisés no deserto, mas para criar confiança ele teve que acabar com os medos do homem (Êxodo 3:1 – 4:17). Moisés lidou com diferentes tipos de medo em seu encontro com Deus:

Medos em relação a si próprio. Deus respondeu assegurando Moisés de seu propósito.

Medos em relação a Deus. Deus respondeu preenchendo Moisés com sua presença.

Medos em relação a outros. Deus respondeu demonstrando seu poder e compromisso.

Medos em relação a sua habilidade. Deus respondeu-lhe provendo um parceiro, seu irmão Arão.

Com sua desobediência quebrada, seus medos vencidos e seu propósito afirmado, Moisés finalmente se colocou nas mãos de Deus (Êxodo 4:20).

A vida é repleta de trocas. Moisés sacrificou seu *status* e bens materiais para se preparar para o objetivo de sua vida. E então, para atingi-lo, ele teve que se sacrificar de novo, abandonando a segurança do obscurantismo no deserto. Se você deseja liderar, deve estar pronto para fazer sacrifícios.

Bíblia da liderança cristã

Esta semana: Considere os riscos que acompanham as suas oportunidades. Você teme a falta de recursos ou de cooperação? Você acha que as oportunidades estão além das suas capacidades? Você está seguro na sua liderança? Que riscos você e sua equipe estão dispostos a correr? Que afirmação vai ajudá-lo a arriscar mais?

A PROMESSA DE DEUS AOS LÍDERES

O meu Deus suprirá todas as necessidades de vocês,
de acordo com as suas gloriosas riquezas em Cristo Jesus.

Filipenses 4:19

A PROMESSA DE UM LÍDER À EQUIPE

Eu não vou pedir você para se sacrificar mais do que estou disposto. Eu colocarei os interesses das equipes acima do meu próprio interesse pessoal.

SEMANA 45

SACRIFIQUE-SE PARA SUBIR

Meus irmãos, considerem motivo de grande alegria o fato de passarem por diversas provações.

TIAGO 1:2

Que preço você está disposto a pagar para ser um líder mais eficaz?

Um dos melhores exemplos de sacrifício de um líder na Bíblia pode ser visto na vida de Moisés. Ele poderia facilmente ser a criança-modelo para o sacrifício da liderança. Cresceu como um filho de Faraó, um príncipe. Como um menino, aproveitou cada privilégio e prazer do palácio.

Porém, Moisés arriscou tudo isso para tentar ajudar seu povo. E, de fato, perdeu tudo. Depois de assassinar um egípcio que abusava de um israelita, ele enfrentou o exílio no deserto de Midiã e por quarenta anos viveu com as dores de seu ato, até compreender que Deus pretendia usá-lo como líder. Então, Moisés tinha passado pelo processo de destruição e construção exigido para que ele fosse usado por Deus.

Como um líder, pode ser que você não precise deixar seu país ou desistir de suas posses como Moisés. Mas pode estar certo de que liderar os outros terá um preço.

21 minutos de poder na vida de um líder

Desista de seus direitos

Você já foi injustiçado? Se já, teve uma decisão a tomar. Você vai gastar seu tempo e energia no que deveria ter sido ou vai focar no que pode ser?

Mesmo quando a verdade e a justiça estão ao seu lado, você pode nunca conseguir reparação. Brigar sem cessar por seus direitos apenas o deixará ressentido, com raiva e negativo. E, além do mais, ao focar em seus direitos, estará olhando mais para trás que para a frente.

Quando pára de se preocupar com seus direitos, você se liberta para seguir em frente em sua jornada. Você reconhece os erros cometidos contra você, mas os perdoa e se concentra no que pode controlar — suas responsabilidades. Isto aumenta sua energia, constrói seu potencial e aumenta seus prospectos.

Your Road Map for Success [Seu mapa para o sucesso]

À MEDIDA QUE AS RESPONSABILIDADES AUMENTAM, OS DIREITOS DIMINUEM. Em um mundo cheio de ornamentos e privilégios que acompanham a escalada para o sucesso, dá-se pouca atenção às responsabilidades da jornada para cima. Líderes podem desistir de qualquer coisa, menos da responsabilidade, quer em sua vida pessoal, quer em relação à organização. John D. Rockfeller Jr. declarou: "Creio que todo direito implica responsabilidade; toda oportunidade, obrigações; toda posse, dever." Jesus disse: "A quem muito foi dado, muito será exigido; e a quem muito foi confiado, muito mais será pedido" (Lucas 12:48).

Você nasceu para liderar

Um sacrifício vivo

Pois nem mesmo o Filho do homem veio para ser servido, mas para servir e dar a sua vida em resgate por muitos.

Marcos 10:45

As equipes deixam de alcançar o potencial quando se recusam a pagar o preço. Se você lidera uma equipe, uma das coisas mais difíceis, porém imperiosas, é tentar convencer os membros a se sacrificarem para o bem do grupo. Quanto mais talentosos os membros do time, mais difícil será convencê-los a colocar a equipe em primeiro lugar. Mostre à equipe que você está pronto para...

- Fazer sacrifícios financeiros.
- Continuar crescendo pelo bem do time.
- Delegar poder.
- Tomar decisões difíceis.

Ao determinar o modelo a seguir para pagar o seu próprio preço pelo potencial do time, você adquire a credibilidade para pedir aos outros que façam o mesmo. Então, quando você reconhecer os sacrifícios que os seus colegas de equipe devem fazer pela equipe, mostre-lhes por que e como, reconhecendo e elogiando em seguida seu sacrifício.

As 17 incontestáveis leis da liderança

Esta semana: O que você sacrificou para ser um líder? Esses sacrifícios foram corretos? Que tipos de sacrifícios você está esperando dos membros de sua equipe?

A PROMESSA DE DEUS AOS LÍDERES

Instrua o homem sábio, e ele será ainda mais sábio; ensine o homem justo, e ele aumentará o seu saber. O temor do SENHOR é o princípio da sabedoria, e o conhecimento do Santo é entendimento.

Provérbios 9:9,10

A PROMESSA DE UM LÍDER À EQUIPE

Eu buscarei pessoas que me desafiam para levar minhas habilidades atuais ao limite, para que seja constantemente levado a progressos na condução da equipe e de nossa missão.

SEMANA 46

BUSQUE PESSOAS QUE FAÇAM VOCÊ CRESCER

Apegue-se à instrução, não a abandone; guarde-a bem, pois dela depende a sua vida. Não siga pela vereda dos ímpios nem ande no caminho dos maus. Evite-o, não passe por ele; afaste-se e não se detenha.

PROVÉRBIOS 4:13-15

Um fator importante em seu desenvolvimento pessoal está na área de seus relacionamentos. A direção que sua vida está tomando se mostra na escolha das pessoas com quem você passa seu tempo e divide sua idéias. Seus valores e prioridades impactam o modo como você pensa e age. Se são pessoas positivas dedicadas ao crescimento, seus valores e prioridades o encorajarão e reforçarão seu desejo de crescer.

Não é sempre confortável se juntar com pessoas que estão à frente de você em crescimento, mas é sempre lucrativo. Tente cultivar relacionamentos com quem pode ajudar você a crescer, mas não pense apenas no que pode ganhar. Sempre traga algo para a mesa também. Você tem que fazer com que o relacionamento seja uma situação em que todos saiam ganhando, ou não irá durar.

Your Road Map for Success [Seu mapa para o sucesso]

Líderes que atraem líderes

Homens de todas as nações vinham ouvir a sabedoria de Salomão. Eram enviados por todos os reis que tinham ouvido falar de sua sabedoria.

1 Reis 4:34

Existem dois tipos de líderes: aqueles que atraem seguidores e aqueles que atraem outros líderes. Quem se junta apenas com seus seguidores nunca estará apto a fazer nada além do que eles podem tocar ou supervisionar. Procure líderes que atraem outros líderes.

Líderes que atraem seguidores...	Líderes que atraem líderes...
Precisam ser necessários.	Querem ter sucesso.
Querem reconhecimento.	Querem uma reprodução de si.
Concentram-se na fraqueza dos outros.	Focam nos pontos fortes dos outros.
Gastam seu tempo com os outros.	Investem seu tempo em outros.
Experimentam algum sucesso.	Experimentam sucesso pleno.

Para continuar atraindo mais e mais líderes, você terá que continuar desenvolvendo a sua própria habilidade de liderança.

Your Road Map for Success [Seu mapa para o sucesso]

Crie espaço para crescer. Se você se apossar de um tubarão pequeno e o confinar a um pequeno espaço, o animal ficará de tamanho proporcional ao aquário em que mora; porém, se o soltar no oceano, irá crescer no tamanho normal. O mesmo princípio é válido para a formação de líderes em potencial. Seja um agente de mudança que facilita o crescimento.

Developing the Leaders Around You [Desenvolvendo os líderes à sua volta]

Uma comunidade crescente

Eles se dedicavam ao ensino dos apóstolos e à comunhão, ao partir do pão e às orações. Todos estavam cheios de temor, e muitas maravilhas e sinais eram feitos pelos apóstolos. Os que criam mantinham-se unidos e tinham tudo em comum... E o Senhor lhes acrescentava diariamente os que iam sendo salvos.

Atos 2:42-44,47

Seu crescimento é afetado pelo seu ambiente. Se suas circunstâncias correntes não o ajudam em nada, você terá dificuldade de se ampliar para alcançar seu potencial. Você deve criar um ambiente de crescimento no qual...

1. Outros estejam à sua frente.
2. Você veja desafios.
3. Seu foco esteja à frente.
4. A atmosfera seja de confiança.
5. Você esteja fora de sua zona de conforto.
6. Outros estejam crescendo.
7. Exista vontade de mudar.
8. O crescimento seja modelado e esperado.

Uma vida de crescimento contínuo nunca é fácil, mas um bom ambiente deixa a correnteza menos difícil.

Your Road Map for Success [Seu mapa para o sucesso]

Esta semana: Liste algumas pessoas em sua vida que o tocam para a frente. Você precisa de mais gente assim? Você está atraindo mais líderes ou mais seguidores para sua equipe? O que você precisa fazer para mudar?

A PROMESSA DE DEUS AOS LÍDERES

*Confie no SENHOR de todo o seu coração e não
se apóie em seu próprio entendimento; reconheça o SENHOR
em todos os seus caminhos, e ele endireitará as suas veredas.*

Provérbios 3:5,6

A PROMESSA DE UM LÍDER À EQUIPE

Eu estou buscando ser sábio e prestar atenção em
conselhos sábios enquanto lidero esta equipe.
Eu quero ouvir sua sabedoria também.

SEMANA 47

BUSQUE A SABEDORIA

O temor do SENHOR é o princípio do conhecimento, mas os insensatos desprezam a sabedoria e a disciplina.

PROVÉRBIOS 1:7

A sabedoria pode ser o melhor amigo de um líder, especialmente em tempos de decisão. Imagine que você está em um grande encontro no qual uma decisão crucial deve ser tomada. O comitê chega a um impasse e tudo pára. Quem se tornará a pessoa mais influente naquela sala? Resposta: aquela com a sabedoria para uma decisão que não apenas funcione, mas que também receba a bênção do comitê.

Provérbios 1 descreve a sabedoria como uma mulher chamando pelas ruas. Que bela imagem! A sabedoria não se esconde, mas grita publicamente! Devemos ir a seu encontro e construir uma amizade com ela. O que podemos aprender sobre tomar decisões em Provérbios?

1. A fundação para cada decisão é honrar e reverenciar Deus.
2. Nós devemos construir nossa herança e consciência ao escolher que valores tomar.
3. Devemos evitar o conselho dos que não são de Deus.
4. Devemos buscar sabedoria. Quais são os fatos? Quais são as opções?
5. Devemos seguir na direção da paz.

Bíblia da liderança cristã

O PRIMEIRO PRINCÍPIO DA SABEDORIA

Quase no começo de seu reino, Salomão pediu sabedoria e Deus respondeu abundantemente (1 Reis 3:9). A Bíblia conta-nos que a sabedoria de Salomão excedeu a dos outros homens. Sua mente expansiva explorou as disciplinas de botânica, zoologia e música passando por economia, comunicação e amor. A sabedoria de Salomão ajudou Israel a prosperar amplamente. O próprio Salomão tornou-se o rei mais poderoso de seu tempo.

Mas, no fim de seu reino, esse brilhante rei pareceu ter esquecido o primeiro princípio: "O temor do SENHOR é o princípio da sabedoria; todos os que cumprem os seus preceitos revelam bom senso" (Salmo 111:10). Apenas a sabedoria impulsionada por uma caminhada vibrante com Deus faz líderes abençoados.

COMO OS LÍDERES DE DEUS DEVEM PENSAR? Até a boa sabedoria separada de Deus pode se tornar uma armadilha (Provérbios capítulos 2 e 3), mas líderes abençoados pensam:

Grande. Eles percebem que a visão de Deus é geralmente maior do que a deles.

Nas outras pessoas. Eles sempre incluem os outros.

Continuamente. Não estão satisfeitos com as respostas de hoje.

Direto ao ponto. Querem ver os resultados e os frutos.

Crescimento contínuo. Querem continuar a melhorar.

Sem linhas. Deixam Deus fora da caixa.

Vitória. Querem ver as regras de Deus na Terra.

Intuição. Têm uma idéia do que vai funcionar.

Servidão. Querem servir e agregar valor às pessoas.

Rapidamente. Avaliam rápido e vêem possibilidades de respostas.

Bíblia da liderança cristã

Lições de liderança de uma formiga

Observe a formiga, preguiçoso, reflita nos caminhos dela e seja sábio! Ela não tem nem chefe, nem supervisor, nem governante, e ainda assim armazena as suas provisões no verão e na época da colheita ajunta o seu alimento.

Provérbios 6:6-8

Você quer fazer a diferença? Preste atenção na metáfora da formiga. É maravilhoso que uma das menores criaturas de Deus possa se tornar um de seus maiores professores. As lições que a formiga nos ensina podem ser resumidas da seguinte forma:

Iniciativa. Formigas não precisam de comando para começar algo.

Integridade. Formigas trabalham com fé e não precisam de responsabilidade para mantê-las em suas tarefas.

Sede de trabalho. Formigas trabalham duro e substituem sua casa quando é destruída.

Fonte de insight. Formigas armazenam comida no verão.

Se considerarmos e aprendermos com as formigas, podermos nos tornar mais sábios.

Bíblia da liderança cristã

Esta semana: Faça uma lista das pessoas sábias em sua vida. Quantas são seus líderes? Quantas são seus liderados ou observadores? Por que você as vê como pessoas sábias? Você acredita que é visto como uma pessoa sábia? Pensou em um plano especial para desenvolver sua sabedoria?

A PROMESSA DE DEUS AOS LÍDERES

O homem sábio é poderoso, e quem tem conhecimento aumenta a sua força; quem sai à guerra precisa de orientação, e com muitos conselheiros se obtém a vitória.

Provérbios 24:5,6

A PROMESSA DE UM LÍDER À EQUIPE

Concentrarei minhas energias em nossas forças. Isso nos ajudará a crescer mais do que se eu tentar amaciar nossas fraquezas.

SEMANA 48

PASSE ALGUM TEMPO COM OS SEUS MELHORES

Seis dias depois, Jesus tomou consigo Pedro, Tiago e João e os levou a um alto monte, onde ficaram a sós.

MARCOS 9:2

Anos atrás, aprendi o Princípio de Pareto e comecei a aplicá-lo em minha vida. É uma ferramenta útil para determinar as prioridades na vida de qualquer pessoa ou para qualquer organização.

O Princípio de Pareto

Vinte por cento de suas prioridades lhe dão oitenta por cento de sua produção SE você gastar seu tempo, sua energia, seu dinheiro e seu pessoal com vinte por cento das prioridades mais importantes.

Todo líder precisa compreender o Princípio de Pareto na área pela qual é responsável e na liderança. Por exemplo, 20% das pessoas da organização são responsáveis por 80% do sucesso da companhia. A estratégia a seguir capacitará um líder a aumentar a produtividade de uma organização.

1. Determine que pessoas são os 20% produtores mais importantes.

2. Gaste 80% de seu "tempo de relacionamentos interpessoais" com esses 20% mais importantes.

3. Gaste 80% de seu dinheiro para desenvolvimento de pessoal com os 20% mais importantes.

4. Peça aos 20% mais importantes para fazer o treinamento dos 20% que estão logo abaixo deles.

Você nasceu para liderar

Muitas empresas hoje deixam de aproveitar o potencial de seus empregados. Por quê? Porque a única recompensa que reservam ao funcionário é o salário. Em organizações de sucesso, um trabalhador não apenas recebe seu salário, mas também recebe cuidados das pessoas para quem trabalha. Esse cuidado é verdadeiramente transformador. Quais são as necessidades dos membros de minha equipe?

Que eu acredite neles.

Que eu os encoraje.

Que eu compartilhe com eles.

Que eu confie neles.

Esse cuidado torna as pessoas mais produtivas e cria uma base emocional e profissional com quem possui potencial de liderança. Mais adiante, com treinamento e desenvolvimento, um líder pode ser construído nesta base.

Developing the Leaders Around You [Desenvolvendo os líderes à sua volta]

Ao treinar os outros... O apóstolo Paulo começou a ministrar minisseminários em Éfeso, também treinando homens na escola de Tirano (Atos 19:8-10). Ao ser mentor de alunos, Paulo permaneceu comprometido com as pessoas, para o processo e para o propósito. Considere como podemos fazer o mesmo ao desenvolver os outros:

- Esteja familiarizado com seus pontos fortes e suas fraquezas.
- Conheça as pessoas que você quer desenvolver.
- Defina claramente seus objetivos e tarefas.
- Permita-lhes definir metas e tarefas.
- Permita-lhes assistir você servir e liderar.
- Mantenha-os responsáveis pelo trabalho deles.
- Dê-lhes a liberdade de falhar.

Bíblia da liderança cristã

A esperança está no ar

Por isso o meu coração se alegra e no íntimo exulto;
mesmo o meu corpo repousará tranqüilo.

Salmo 16:9

Como a maioria das pessoas se sente quando está com você? Pequenos e insignificantes ou autoconfiantes, com grandes esperanças no que querem se tornar?

Você tratará as pessoas com quem convive de acordo com o que pensa sobre elas. É uma questão de atitude. Seus atos revelam o que você crê. Johann Wolfgang von Goethe afirmou: "Trate um homem como ele é, e continuará sendo como é. Trate-o como ele pode e deve ser, e ele se tornará o que pode e deve ser."

A esperança resultante do cuidado que se dedica às pessoas é talvez o melhor presente. Mesmo quando se furtam a perceber sua importância, essas pessoas ainda terão um motivo para continuar tentando alcançar seu potencial.

Becoming a Person of Influence [Tornando-se uma pessoa influente]

Esta semana: Considere o potencial de seu pessoal. Os líderes são feitos para ajudar os outros a se tornarem as pessoas que Deus criou para serem. São chamados para descobrir o que está oculto, encorajar o incerto, lapidar a pedra bruta e delegar poder a quem nunca o experimentou. Assim como Jesus vê potencial em você, se você é um líder, ele quer que você encontre e desenvolva esse potencial nos outros.

A PROMESSA DE DEUS AOS LÍDERES

Como são felizes os que andam em caminhos irrepreensíveis, que vivem conforme a lei do SENHOR! Como são felizes os que obedecem aos seus estatutos e de todo o coração o buscam! Não praticam o mal e andam nos caminhos do SENHOR.

Salmo 119:1-3

A PROMESSA DE UM LÍDER À EQUIPE

Estes são nossos objetivos. Eu os submeti a Deus, e estou comprometido em nos manter no caminho.

SEMANA 49

FIQUE ATÉ O FIM

Somente seja forte e muito corajoso! Tenha o cuidado de obedecer a toda a lei que o meu servo Moisés lhe ordenou; não se desvie dela, nem para a direita nem para a esquerda, para que você seja bem-sucedido por onde quer que andar.

JOSUÉ 1:7

Trabalhar com propósito significa fazer contar toda ação. Líderes vencedores trabalham com propósito, sabendo o que fazem e por quê. Para adquirir mais propósito em sua liderança, faça o seguinte:

1. *Tenha um objetivo pelo qual valha a pena viver.* Willis R. Whitney, o primeiro diretor do laboratório de pesquisa da General Electric, observou: "Há homens com milhares de razões para não fazer o que querem, quando tudo de que precisam é uma só razão para realizá-lo."

2. *Conheça seus pontos fortes e fracos.* Jogar usando seus pontos fortes reacende suas paixões e renova sua energia.

3. *Priorize suas responsabilidades.* Depois que você descobre o "porquê" da sua vida, fica muito mais fácil descobrir o "o quê" e o "quando".

4. *Aprenda a dizer não.* Você não pode conseguir muito sem foco. Se você tentar fazer toda coisa boa que vem na sua direção, não será excelente no que você foi feito para fazer.

5. *Comprometa-se com conquistas em longo prazo.* A maior parte das vitórias na vida são conseguidas através de pequenas vitórias incrementais sustentadas com o tempo.

The 17 Essential Qualities of a Team Player
[As 17 qualidades essenciais de um jogador de equipe]

Estabeleça boas metas

O número de pessoas hoje desprovidas de um forte senso de objetivo é surpreendente. A escritora Katherine Anne Porter, vencedora do Pulitzer, observou: "Fico chocada com a falta de objetivo da vida da maioria das pessoas. Cinqüenta por cento não sabem aonde estão indo; quarenta por cento estão indecisos e irão em qualquer direção. Só dez por cento sabem o que querem, e nem mesmo nesse grupo há um esforço concentrado."

Objetivos fornecem concretude, que impactam de modo positivo nossas ações. Objetivos nos ajudam a concentrar atenção no propósito e torná-lo nossa aspiração dominante. E, como o poeta-filósofo Ralph Waldo Emerson disse, "O mundo abre caminho para o homem que sabe para onde está indo".

Use as seguintes diretrizes para manter seus objetivos focados. Objetivos devem ser...

- Escritos
- Pessoais
- Específicos
- Atingíveis
- Mensuráveis
- Temporais

Your Road Map for Success [Seu mapa para o sucesso]

Líderes eficazes não ficam à deriva. O apóstolo Paulo tinha um plano para alcançar o Império Romano (1 Coríntios 16:5-9). Concentrou-se nas áreas metropolitanas, sabendo que seguidores bem treinados trariam a mensagem de Deus às cidades menores e vilarejos. Líderes podem fazer qualquer coisa, mas não podem fazer tudo. Que tipo de plano você tem?

A Bíblia Maxwell da liderança

O perigo de buscas demais

Não me neguei nada que os meus olhos desejaram; não me recusei a dar prazer algum ao meu coração. Na verdade, eu me alegrei em todo o meu trabalho; essa foi a recompensa de todo o meu esforço. Contudo, quando avaliei tudo o que as minhas mãos haviam feito e o trabalho que eu tanto me esforçara para realizar, percebi que tudo foi inútil, foi correr atrás do vento; não há nenhum proveito no que se faz debaixo do sol.

Eclesiastes 2:10,11

Salomão buscou fervorosamente vários objetivos não-relacionados, em uma tentativa vã de se satisfazer. Terminou por atingir um alto nível de sucesso, mas ainda se sentia vazio. O axioma permanece verdadeiro: "Se você caçar dois coelhos, ambos escaparão."

E você? Conta com uma maneira de determinar seu foco baseado no que realmente importa? Quando tiver de tomar uma decisão, pergunte-se:

- Isto está consistente com as minhas prioridades?
- Isto está dentro da minha área de competência?
- Alguém pode fazer isso melhor?
- O que meus amigos de confiança dizem?
- Eu tenho tempo?

Bíblia da liderança cristã

Esta semana: Escreva seus três objetivos principais para o seu negócio, para a sua família e para você. Esses objetivos estão realmente alinhados com as suas prioridades? Os membros da sua equipe entendem os objetivos? Seus objetivos são altos o suficiente? Você tem um plano de ataque?

A PROMESSA DE DEUS AOS LÍDERES

Portanto, vocês já não são estrangeiros nem forasteiros, mas concidadãos dos santos e membros da família de Deus, edificados sobre o fundamento dos apóstolos e dos profetas, tendo Jesus Cristo como pedra angular, no qual todo o edifício é ajustado e cresce para tornar-se um santuário santo no Senhor. Nele vocês também estão sendo edificados juntos, para se tornarem morada de Deus por seu Espírito.

Efésios 2:19-22

A PROMESSA DE UM LÍDER À EQUIPE

Eu lembrarei a equipe dos nossos objetivos, encorajando e recompensando todos os nossos esforços.

SEMANA 50

O TRABALHO EM EQUIPE FAZ O TRABALHO DOS SONHOS

Mas Deus estruturou o corpo dando maior honra aos membros que dela tinham falta, a fim de que não haja divisão no corpo, mas, sim, que todos os membros tenham igual cuidado uns pelos outros. Quando um membro sofre, todos os outros sofrem com ele; quando um membro é honrado, todos os outros se alegram com ele.

1 Coríntios 12:24-26

Se os membros da sua equipe acreditam nos objetivos comuns e começam a desenvolver uma confiança genuína uns nos outros, estarão em posição de executar um verdadeiro trabalho em equipe. Note que eu menciono *em posição de*, pois isso não é uma garantia.

Para haver trabalho em equipe, vários elementos precisam estar presentes. Primeiro, os membros da equipe devem acreditar que o valor do sucesso da equipe é maior do que o valor de seus próprios interesses individuais. Segundo, o sacrifício pessoal deve ser encorajado e então recompensado — pelo líder da equipe e outros membros. Quando isso acontecer, as pessoas vão se identificar mais e mais com a equipe, reconhecendo que, embora o individualismo ganhe troféus, o trabalho em equipe vence o campeonato.

Developing the Leaders Around You
[Desenvolvendo os líderes à sua volta]

Construa relacionamentos para construir a equipe

Equipes que não se unem não podem construir. Por quê? Porque nunca se tornam uma unidade coesa. Por que os soldados feridos ficam tão felizes de se juntar novamente aos seus amigos no campo de batalha? Porque, depois que você trabalha e convive com pessoas, logo percebe que a sua sobrevivência depende dos outros. Para uma equipe ser vencedora, os companheiros devem saber que cuidarão uns dos outros. Quando um membro de equipe não se importa com ninguém além de si mesmo, toda a equipe sofre.

Descobri que uma das melhores maneiras de encorajar esse cuidado mútuo é reunir os membros fora do contexto de trabalho para construir relacionamentos. Todos os anos em nossa organização nós planejamos retiros e outros eventos que juntam as pessoas em contextos sociais. E, durante esses momentos, armamos esquemas para que eles convivam com membros que não conhecem muito bem. Assim, estarão não apenas construindo relacionamentos, mas sendo impedidos de desenvolver "panelas".

Developing the Leaders Around You [Desenvolvendo os líderes à sua volta]

Membros de equipe devem aprender a colaborar. Tornar-se um membro de equipe colaborador exige uma mudança em quatro áreas:

1. *Percepção*. Enxergue os colegas de equipe como colaboradores, não concorrentes.
2. *Atitude*. Apóie os colegas de equipe, e não suspeite deles.
3. *Foco*. Concentre-se na equipe, e não em você.
4. *Resultados*. Crie grandes vitórias pela multiplicação.

The 17 Essential Qualities of a Team Player
[As 17 qualidades essenciais de um jogador de equipe]

Como uma rocha

Confiança é importante para o sucesso de toda equipe. Todo mundo na equipe sabe com quem pode e não pode contar. Permita-me explicar o que eu considero a essência da confiança:

Motivações puras. Se alguém na equipe continuamente põe a si e a seus objetivos adiante do que é melhor para a equipe, provou que não pode ser confiável. No que se refere a trabalho em equipe, as motivações importam.

Responsabilidade. Enquanto a motivação diz por que as pessoas são confiáveis, a responsabilidade indica que elas querem ser confiáveis.

Pensamento sadio. Confiança significa mais do que simplesmente querer a responsabilidade. Esse desejo também deve ser acompanhado de bom senso sobre sua contribuição para a equipe.

Contribuição consistente. A qualidade final de um jogador de equipe confiável é a consistência. Se você não pode contar com colegas de equipe o tempo todo, então realmente não pode nunca contar com eles. A consistência exige uma profundidade de caráter que permite que as pessoas sigam adiante, não importa quão cansadas, distraídas ou assoberbadas estejam.

The 17 Essential Qualities of a Team Player
[As 17 qualidades essenciais de um jogador de equipe]

Esta semana: Com quem você pode contar? Essas pessoas sabem quanta confiança você tem nelas? Os membros da sua equipe sabem que podem contar com você? Onde entre os membros da equipe — incluindo você — a confiança já foi testada e deixou a desejar? Onde estava firme? Como sua equipe se recuperou depois do escorregão na confiança?

A PROMESSA DE DEUS AOS LÍDERES

Quem leva o homem direito pelo mau caminho
cairá ele mesmo na armadilha que preparou,
mas o que não se deixa corromper terá boa recompensa.

Provérbios 28:10

A PROMESSA DE UM LÍDER À EQUIPE

Eu usarei minha influência para nos guiar
ao caminho certo e nos ajudar a crescer.

SEMANA 51

ENTENDA A INFLUÊNCIA

"Mas dize apenas uma palavra, e o meu servo será curado. Pois eu também sou homem sujeito à autoridade e com soldados sob o meu comando. Digo a um: 'Vá', e ele vai; e a outro: 'Venha', e ele vem. Digo a meu servo: 'Faça isto', e ele faz."

MATEUS 8:8,9

As realizações com e através das pessoas dependem totalmente da sua habilidade de liderança.

Se o seu sonho é grande e vai requerer o trabalho de uma equipe numerosa, o líder em potencial que você selecionar para acompanhá-lo na jornada precisará ser alguém de influência.

Pois isto é o que liderança significa — influência. Todos os líderes têm duas coisas em comum: estão indo para algum lugar e estão dispostos a levar gente com eles.

Ao olhar para quem está a sua volta, considere o seguinte:

- Quem os influencia?
- A quem eles influenciam?
- A influência deles aumenta ou diminui?

Para julgar bem líderes em potencial, não observe apenas a pessoa, mas a todos a quem influencia. Quanto maior a influência, maior o potencial de liderança e a habilidade de motivação para a conquista do sonho.

Your Road Map for Success [Seu mapa para o sucesso]

Observe sua influência

Meras palavras não bastam para corrigir o escravo;
mesmo que entenda, não reagirá bem.

Provérbios 29:19

Todos estamos liderando em algumas áreas, enquanto em outras estamos sendo liderados. Ninguém está excluído de ser um líder ou um seguidor. É sua responsabilidade descobrir seu potencial como líder.

O membro mais influente de um grupo é muito fácil de descobrir. Apenas observe a interação de um grupo. Se uma questão deve ser decidida, quem é a pessoa cuja opinião parece ser a mais valiosa? Em quem o grupo presta mais atenção quando a questão está sendo discutida? Com quem as pessoas concordam rapidamente? Mais importante, quem os outros seguem? As respostas a essas perguntas ajudarão a discernir quem é o verdadeiro líder em um grupo.

Você nasceu para liderar

Cause boa impressão. Se as pessoas percebem que você é positivo e confiável e tem qualidades admiráveis, buscarão em você um influenciador na vida delas. Você não influencia ninguém em um primeiro encontro. Se as apresentações são feitas por alguém em quem elas confiam, você pode "pegar emprestada" temporariamente parte da influência daquela pessoa. Mas logo você constrói sua própria influência, ou a destrói, por suas ações.

Becoming a Person of Influence [Tornando-se uma pessoa influente]

Estendendo sua influência

Uma das grandes lições que eu já aprendi é que as pessoas próximas a mim determinam meu nível de sucesso ou falha. No meu aniversário de quarenta anos, eu descobri que minha influência e produtividade estavam crescendo apenas onde eu havia identificado líderes em potencial e os desenvolvido. Minha intenção em desenvolver líderes foi ajudá-los a progredir, mas eu descobri que estava me beneficiando enormemente. Passar tempo com eles foi como investir. Eles cresceram e ao mesmo tempo eu colhi dividendos incríveis. Foi quando percebi que, se eu fosse chegar ao próximo nível, eu teria que me estender através dos outros. Eu acharia líderes e entregaria minha vida a eles; conforme eles melhorassem, eu também melhoraria.

Your Road Map for Success [Seu mapa para o sucesso]

Esta semana: A integridade é crítica se você quer se tornar um influenciador. É a base na qual muitas outras qualidades são construídas, tais como respeito, dignidade e confiança. “Os reis detestam a prática da maldade, porquanto o trono se firma pela justiça” (Provérbios 16:12). Você é uma pessoa de integridade? Onde precisa reforçar sua base? Você se cerca de pessoas de integridade?

Becoming a Person of Influence [Tornando-se uma pessoa influente]

A PROMESSA DE DEUS AOS LÍDERES

Este é o Deus cujo caminho é perfeito; a palavra do SENHOR é comprovadamente genuína. Ele é um escudo para todos os que nele se refugiam.

Salmo 18:30

A PROMESSA DE UM LÍDER À EQUIPE

Temos uma visão. Este é um desafio merecedor de nossas capacidades e comprometimento. Podemos fazer isso!

SEMANA 52

A VISÃO TRAZ A VITÓRIA

Assim, rei Agripa, não fui desobediente à visão celestial. Preguei em primeiro lugar aos que estavam em Damasco, depois aos que estavam em Jerusalém e em toda a Judéia, e também aos gentios, dizendo que se arrependessem e se voltassem para Deus, praticando obras que mostrassem o seu arrependimento.

Atos 26:19,20

A visão do apóstolo Paulo na estrada para Damasco se tornou a força cativa atrás da liderança bem-sucedida. O apóstolo nos ensina o poder da visão. Deus era o líder de Paulo e a visão dele para Paulo teve vários efeitos.

A visão o fez parar. A visão nos permite enxergar através de nós mesmos. Vemos as coisas não como elas são, mas como nós somos.

A visão enviou. A visão nos permite ver os outros. É quando nos sentimos compelidos a agir.

A visão o estimulou. A visão nos permite continuar apesar das lutas e da falta de recursos.

A visão o puxou para cima. A visão nos dá convicção para ficar de pé, falar e a compaixão de dividir.

A visão o satisfez. A obediência a esta visão nos motiva a agir e nos preenche.

Bíblia da liderança cristã

Lista de checagem para transmitir a visão

Como um líder, é sua responsabilidade comunicar a visão da equipe e mantê-la diante das pessoas. Não é necessariamente fácil. É preciso mantê-la clara com criatividade e continuidade. Quando preciso fazê-lo, uso a seguinte lista:

1. *Clareza* traz entendimento à visão.
2. *Conectividade* liga passado, presente e futuro.
3. *Propósito* traz direção à visão.
4. *Objetivos* trazem alvos para a visão.
5. *Honestidade* traz integridade para a visão e credibilidade para o lançador da visão.
6. *Histórias* trazem relacionamento para a visão.
7. *Desafios* trazem ampliação da visão.
8. *Paixão* traz combustível para a visão.
9. *Modelo* traz credibilidade à visão.
10. *Estratégia* traz processo à visão.

Com essa lista, sua equipe encontrará a visão mais acessível e irá mais prontamente participar dela.

Precisamos de um bom desafio. Uma verdadeira grande visão é eloqüente sobre o futuro dos membros da equipe, se eles verdadeiramente viverem seus valores e trabalharem de acordo com os seus padrões mais altos. Sem um desafio, muitas pessoas tendem a cair ou a se esquivar. Se você vislumbra uma visão para a sua equipe, haverá boas chances de sucesso. A visão dá aos membros da equipe direção e segurança, dois elementos indispensáveis.

The 17 Indisputable Laws of Teamwork
[As 17 leis irrefutáveis do trabalho em equipe]

Sem adesão, a visão perece

Todos os líderes têm visão. Mas nem todas as pessoas que possuem visão são líderes. Conheci várias pessoas que seriam líderes, que possuíam visão, mas não tinham a habilidade para conquistar outros com ela. Uma visão atraente por si só não fará de alguém um líder. Por maior que seja, uma visão não é realizada por ser atraente ou valiosa. Seguidores precisam aderir ao líder.

Gideão teve uma visão para tirar Israel de seus inimigos, mas de pronto não conseguiu. Ele precisava que as pessoas aderissem a sua liderança. Depois de tempo e esforço, tantas pessoas aderiram à liderança de Gideão que Deus teve que mandar uma parte delas para casa. Se você observar como Gideão progrediu da obscuridade de um clã menor para um líder das tribos do Norte, poderá compreender sua influência, que cresceu como ondas em torno de uma pedra atirada na água.

21 minutos de poder na vida de um líder

Esta semana: Ponha sua visão em palavras. Se não pode passá-la para o papel, é porque não está bem definida. Sua visão é apropriada para sua equipe atual? Ou seria melhor modificar a visão, a equipe ou até você mesmo?

CONCLUSÃO

LEVE-ME AO SEU LÍDER

Vi os céus abertos e diante de mim um cavalo branco,
cujo cavaleiro se chama Fiel e Verdadeiro.
Ele julga e guerreia com justiça [...] Os exércitos dos
céus o seguiam, vestidos de linho fino, branco e puro, e montados
em cavalos brancos [...] Ele as governará com cetro de ferro.
Ele pisa o lagar do vinho do furor da ira do
Deus todo-poderoso. Em seu manto e em sua coxa
está escrito este nome:
REI DOS REIS E
SENHOR DOS SENHORES.

APOCALIPSE 19:11, 14-16

Nessa passagem do último livro da Bíblia, João, autor do Apocalipse, está descrevendo Jesus Cristo, aquele que irá definitivamente comandar o mundo no fim dos tempos. Na maior parte da Bíblia, Jesus é descrito como um servo humilde e discreto. Ele curou a doença. Ele perdoou o pecador. Ele lavou os pés dos pescadores, dos coletores de impostos e do homem que o trairia. E ele se submeteu a tortura e morte na cruz.

Mas não se engane. Jesus não é fraco! O livro do Apocalipse revela outro lado de seu caráter e liderança. Ele é um capitão de guerra que pode armar pesadamente os exércitos do céu para derrotar um inimigo forte. E não apenas ganha o dia, mas toda a eternidade. Esta é a marca do grande líder: tem força para conquistar, mas ajuda o fraco e o levanta para que se junte a ele na vitória.

Eu acredito em liderança. Dediquei mais de trinta anos de minha vida a ensiná-la. Mas, como Jesus mesmo falou: "*Pois, que adiantará ao homem ganhar o mundo inteiro e perder a sua alma?*" (Mateus 16:26). Se você não tem um relacionamento com o Rei dos reis, Jesus Cristo, quero convidá-lo a juntar-se a ele. Se você reconhecer que Jesus é o Filho de Deus, arrepender-se de seus pecados, pedir perdão e convidar Jesus para o seu coração, será salvo e ele se tornará seu rei dos reis. E você se unirá a ele, o líder definitivo, na eternidade.

Agradecimentos

Minutos de liderança é adaptado do livro de John C. Maxwell, *Leadership promises for Every Day* (Nashville Thomas Nelson, Inc., 2003).

Agradeço aos editores pela permissão de reproduzir os seguintes materiais.

Todos os direitos do autor, John C. Maxwell.

Bíblia da liderança cristã. São Paulo: SBB, 2007.

Você nasceu para liderar. Rio de Janeiro: Thomas Nelson Brasil, 2008.

Developing the Leaders Around You. Nashville: Thomas Nelson, Inc., 1995.

As 21 irrefutáveis leis da liderança. Rio de Janeiro: Thomas Nelson Brasil, 2007.

The 21 Indispensable Qualities of a Leader. Nashville: Thomas Nelson, Inc., 1999.

Becoming a Person of Influence. (Nashville: Thomas Nelson, Inc., 1997).

21 minutos de poder na vida de um líder. Rio de Janeiro: Thomas Nelson Brasil, 2007.

Failing Forward. Nashville: Thomas Nelson, Inc., 2000.

As 17 incontestáveis leis do trabalho em equipe. Rio de Janeiro: Thomas Nelson Brasil, 2008.

The 17 Essential Qualities of a Team Player. Nashville: Thomas Nelson, Inc., 2002.

Your Road Map for Success. Nashville: Thomas Nelson, Inc., 2002.

Sobre o autor

Palestrante com reconhecimento internacional, John C. Maxwell possui vasta obra em liderança, tendo ultrapassado a marca de treze milhões de livros vendidos. Suas organizações já treinaram mais de um milhão de líderes pelo mundo todo. Maxwell é o fundador da Injoy Stewardship Services e da EQUIP. Todo ano ele fala a líderes de empresas da *Fortune 500*, chefes de governos internacionais e organizações tão diversas quanto a Academia Militar dos EUA em West Point e a Liga Nacional de Futebol americana. Autor do best-seller do *The New York Times*, *Wall Street Journal* e *Business Week*, Maxwell foi um dos 25 autores nomeados para o Hall da Fama no aniversário de dez anos da Amazon.com. Dois de seus livros, *As 21 Irrefutáveis leis da liderança* e *Você nasceu para liderar*, venderam cada um mais de um milhão de cópias.

Notas

Notas

Este livro foi composto em Agaramond 11,5/15 e impresso pela Gráfica Ediouro sobre papel Pólen soft 80g em novembro de 2008.